Judith Bluestone Polich

Die Wiederkehr der Kinder des Lichts

„… ein perfekter Einstieg ins neue Jahrtausend." Dr. José Argüelles

Die Wiederkehr
der Kinder
des Lichts

Prophezeiungen der Inkas
und Mayas für eine neue Welt

Judith Bluestone Polich

||||||||||||||||||||| **SILBERSCHNUR** |||||||||||||||||||||||

In dankbarer Anerkennung für die Erlaubnis der Verwendung von Auszügen aus folgenden Werken:

Maya Cosmos von Linda Schele, David Freidel & Joy Parker
The Mayan Factor von José Argüelles
Stepping outside of Time in *Magical Blend* von Joan Parisi Wilcox
Beyond Fear von Mary Carroll Nelson & Miguel Angel Ruiz
From the Heart of the Andes in *Shaman's Drum* von Hal Zina Bennett

Originaltitel: Return of the Children of Light, Incan and Mayan Prophecies for a New World, by Linkage Publications, Santa Fe, New Mexico, USA 1999

Aus dem Amerikanischen übertragen von Mag. Christian Schweiger, Vers (F)

© der deutschen Ausgabe Verlag »Die Silberschnur« GmbH

ISBN 3-931 652-97-1

1. Auflage 2001

Covergestaltung: XPresentation, Boppard
Druck: Finidr, s.r.o. Český Těšín

Verlag »Die Silberschnur« GmbH · Steinstraße 1 · D-56593 Güllesheim

www.silberschnur.de
e-mail: info@silberschnur.de

Widmung

Dieses Buch ist den gottähnlichen Wesen
unserer mythischen Vergangenheit gewidmet,
die aus der Zukunft kamen, uns zu zeigen,
was wir einst werden könnten.

Dank

Viele Menschen haben mir bei der Er- und Herstellung dieses Buches geholfen. Ganz besonders möchte ich hier Ellen Kleiner und dem Team von Blessingway Author Services, John Lyons-Gould von Piñon Publications und David Christian Hamblin von Blessingway Books für ihre verlegerische Unterstützung danken.

Dank auch meinen Freundinnen Mara Senes, Trigve Despues und Ruth Rusca, die mir oft in schwierigen Momenten weiterhalfen. Ich bin mit einer Partnerin, Gayle Dawn Price, gesegnet, der ich ganz besonders dafür danke, mir in all der Breite und Tiefe dieser Reise mit verlegerischen, aber auch vielen anderen Ratschlägen zur Seite gestanden zu haben. Schließlich gilt mein ewiger Dank all denen, die mir halfen, Licht auf meinen Lebensweg zu werfen. Dazu gehören auch Don Miguel Ruiz, Seine Heiligkeit der Dalaï Lama, Sai Baba und Mark Griffin.

Inhaltsverzeichnis

Vorwort

Meine erste mystische Erfahrung trug sich vor etwa 20 Jahren zu. Ich war 32 Jahre alt, hatte mein ganzes Leben in Wisconsin verbracht, gerade mein Jurastudium auf der Universität von Wisconsin in Madison abgeschlossen und fuhr nun mit meinem alten, bis obenhin mit all meinen Habseligkeiten vollbepackten Toyota quer durchs Land in Richtung Boston. Zurück blieben mein Zuhause, eine siebenjährige Ehe und meine ganze Familie. Kurz, ein neues Leben begann. Als ich die kanadisch-amerikanische Grenze nach Maine überquert hatte, schlug mich ein kleiner, blauer Berg am Horizont in seinen Bann. Ich fuhr ihm entgegen, als ob er mich magisch anziehen würde.

Zwei Stunden vor Sonnenuntergang kam ich denn auch am Fuße des Mount Blue an, fischte eine Decke aus dem Auto und begann den Aufstieg. Der Weg führte mich entlang eines rauschenden Wildbachs durch herbstlich gefärbte Wälder bis an die Baumgrenze, wo flechtenüberzogene Granitblöcke majestätisch in den Heidelbeerfeldern standen. Am Gipfel angekommen, entdeckte ich einen kleinen Gebirgssee, der sich einladend unter mir ausbreitete. Ich meditierte während des Sonnenuntergangs und lauschte die ganze Nacht hindurch den Geheimnissen des Berges.

In der Morgendämmerung war ich am Ufer des Sees zutiefst in mein Inneres versunken. Als dann die Sonne endlich wieder über dem Horizont aufschien, fühlte ich mich durchflutet von strahlend weißem Licht, welches in Wellen durch mein Inneres brandete, die nach und nach alle Farben des Regenbogens durchliefen. Mir war, als ob dieses Licht mich nicht nur erweckte, sondern völlig neu erschuf, da diese pulsierende Energie, die mich in diesem Moment durchlief, mit nichts vergleichbar war, was ich zuvor erlebt hatte. Es ließ ein Gefühl großer ·Liebe, eines allumfassenden Wohlbehagens und einer alles durchdringenden Klarheit in mir zurück.

Als ich viele Stunden später meinen Abstieg zurück in die Welt begann, wurde mir klar, dass alles sich subtil, aber unverkennbar verändert hatte. Das Licht der Welt hatte einen neuen Glanz gewonnen, der die ganze Natur belebte. Ich erfuhr meine Umgebung viel unmittelbarer und fühlte mich als Teil all dieser mich umgebenden Energien. In gewisser Hinsicht bin ich nie wieder ganz von diesem Berg heruntergekommen.

Seit diesem verblüffenden Treffen mit dem Licht vor zwei Jahrzehnten machte ich noch zahlreiche andere transzendente, lichtvolle Erfahrungen, oft in einer atemberaubenden Natur oder aber in den Ruinen alter Tempel. Im Laufe der Jahre wurde mir die Botschaft dieser Erfahrungen immer klarer und ich begann zu ahnen, welch große Kraft in den heiligen Stätten der Welt steckt.

Zunächst sträubte sich jedoch in mir – wie wohl in jedem vernünftigen und rationalen Menschen – alles dagegen, diese Ereignisse als Teil der Wirklichkeit zu akzeptieren. War ich nicht vor allem Rechtsanwältin mit einem ausgebildeten Verstandesdenken? Doch wusste ich zugleich auch, dass es sich dabei keineswegs um Drogenhalluzinationen oder eine imaginäre Flucht in Fantasiewelten handelte, sondern dass ich es hier mit realen Kräften zu tun hatte. Da ich sie zunächst nicht verstand, steckte ich sie in die nächstbeste Schublade und sagte mir, ich hätte es hier wohl mit außergewöhnlichen Wirklichkeiten zu tun, die sich der herkömmlichen Sinneswahrnehmung entzogen. Dabei beließ ich es denn auch für eine Weile. Erst Jahre später wurde mir klar, dass sie Teil eines alten Vermächtnisses waren. Ganz langsam begann das Kind des Lichts, die in mir versteckte Gottessaat, zu erwachen und zu keimen.

❋ ❋ ❋

Ich war in einem kulturellen Umfeld aufgewachsen, in dem Gott, wenn er nicht tot, so doch sehr fern unserer Wirklichkeit war. Gemäß der wissenschaftlichen Objektivität jener Epoche hatte man mir beigebracht, dass etwas nur dann wahr war, wenn es mit den fünf Sinnen wahrgenommen oder gemessen werden konnte. Ich lernte, dass mich allein eine oder zwei Schichten Hirnhaut vom Tier unterschieden, und dass die Evolution ein Fakt und keine Theorie war. Vor dem Hintergrund der jüdisch-christlichen Tradition und der westlichen Mythologie war das Menschsein eigentlich deprimierend. Aus dem Paradies verbannt und mit Erbsünde behaftet, lag die einzige Erlösungsmöglichkeit der Menschheit in einer ominösen Kraft von außen.

Doch verliehen mir meine Erfahrungen in anderen Dimensionen eine völlig andere Perspektive des Menschseins. Jede neue lichte Einsicht steuerte ein neues Teil zu dem großen Puzzle bei, dessen Gesamteindruck sich erstmals bei einer Reise zu den antiken Stätten in den Anden Perus ausmachen ließ. Bevor diese Vision jedoch wirklich klar wurde, bedurfte es eines langen Erkundungswegs. Ich hatte bereits alte Kultstätten Europas – von Delphi bis Stonehenge – besucht, und wie so viele andere auch, dort eine spürbare, doch schwer definierbare Energie gefühlt. Ich versuchte sogar, meine Empfindsamkeit für diese Energiefelder durch den Gebrauch der Wünschelrute zu verfeinern. Doch gelang es mir zunächst nicht, den Zusammenhang zwischen den verschiedenen Phänomenen zu erfassen, die mir widerfuhren.

Mitte der Achtzigerjahre entdeckte ich dann die antiken Stätten Lateinamerikas. Auf einer Forschungsreise mit einem Kulturanthropologen, auf der wir mehr über den Schamanismus der Mayas auf der Yukatanhalbinsel Mexikos erfahren wollten, änderte ein außergewöhnliches Ereignis schlagartig meine Perspektive. Eines nachmittags begaben wir uns zu einer unlängst entdeckten Höhle, die den Mayas als Zeremonialgrotte gedient hatte. Wir gelangten in eine große, dunkle Kammer, die stark nach Kopal, einem Harz tropischer Bäume, roch, welches oft bei antiken Ritualen verbrannt wurde. Als sich meine Augen an die Dunkelheit gewöhnt hatten, offenbarte sich mir ein spektakulärer Anblick. Die Mitte des Saals wurde durch einen Stalagmiten gestützt, dessen obere Hälfte sich wie die Äste eines Baumes auffächerte – das Symbol des

Lebensbaums. Welchen Eindruck dieses Bild wohl auf die Mayas gemacht haben muss? Fest verankert in der Unterwelt reichte dieser Baum bis ans Himmelsgewölbe und stellte so die Brücke zwischen beiden Welten dar. Rundherum lagen dort seit Jahrhunderten unberührte Räucherschüsseln. Die Energie, die von diesem Ort ausging, war im wahrsten Sinne des Wortes atemberaubend.

Als ich durch eine enge Passage zu einem unterirdischen Fluss kroch, verlor ich das Bewusstsein und gelangte in einen Traumzustand, in dem ich eine Art Einweihung erfuhr. Ich hörte Trommelschläge und stand plötzlich als junger Krieger inmitten von Kopalrauchschwaden. Ich erlebte meine eigene Initiation. Mein Körper war dunkel und muskulös, und die Züge meines Gesichts waren eindeutig die eines Mayas. Es war mit bunten Farben bemalt und wurde umrahmt von schimmernden Federn. Ich lag in der Dunkelheit, als plötzlich das furchterregende Gesicht eines Jaguars über mir auftauchte – die Maske des Oberpriesters. Ich war überzeugt, meinen letzten Atemzug zu tun und gab mich völlig auf. Dabei konzentrierte ich mich ständig auf mein inneres Licht, ganz so, wie man es mir beigebracht hatte. Ein Messer drang in meinen Leib, doch spürte ich keinen Schmerz. Ich gab mein Herz freiwillig diesem Licht hin und ließ mein Bewusstsein mit ihm verschmelzen. Ebenso schnell, wie ich in diesen Traumzustand eingetreten war, tauchte ich auch wieder aus ihm auf. Ich schnappte nach Luft und wurde mir nach einem Augenblick der Unklarheit meiner unmittelbaren Wirklichkeit auf dem Boden der Höhle bewusst. Ich hörte jemanden über die blinden Fische reden, die in diesem unterirdischen Fluss lebten, da sie nie ans Licht gelangten. Ich kroch also weiter zum Fluss, wo ich lange tiefe Züge von dem herrlich erfrischenden Wasser trank.

Noch Tage danach war ich von diesem Erlebnis erschüttert, welches noch wirklicher als die Realität dieses Lebens geschienen hatte. Doch langsam wurde es durch meinen Arbeitsalltag von Scheidungen, Immobilien und Testamenten wieder zum bloßen Traum. Ja ich hatte dieses Ereignis schon fast wieder vergessen, als ich einige Jahre später Don Miguel Ruiz, einen *Nagual* (zentralamerikanischer Schamane) kennen lernte, dessen Familie direkt von den Tolteken abstammt.

14

Die Kunst der *Nagual*, die auch heute noch in den Urkulturen Zentralamerikas praktiziert wird, basiert auf der Kontrolle außergewöhnlicher Wirklichkeiten. Die Welt der *Nagual* war mir zu einem gewissen Grad aus den Büchern Carlos Castanedas, dem Professor der Anthropologie, bekannt, der von einem Schamanen der Yaqui Indianer in diese Praktiken eingeführt worden war.

Don Miguel Ruiz hatte nun aber auf den ersten Blick gar nichts von dem, wie ich mir einen *Nagual* vorgestellt hatte. Statt ein der modernen Welt völlig entrückter Schamane zu sein trug dieser kleine, dunkelhäutige Mexikaner poppige Hemden mit weit geöffneten Kragen, zwischen denen eine goldene Halskette prangte. Er sang Lieder der Beatles in gebrochenem, fast unverständlichen Englisch und sagte allen, die auf ihrer Weisheitssuche zu ihm kamen, einfach: „Be happy!" Trotzdem sollten die nächsten sechs Jahre, die ich mit ihm arbeitete, meinen spirituellen Weg völlig umkrempeln. Ich erfuhr von bedingungsloser Liebe, bekam einen Einblick in andere Dimensionen und vieles mehr.

Bei meinem ersten Besuch in Teotihuacan, den berühmten Pyramiden in der Nähe von Mexiko City, fand ich mich mit Don Miguel, einem anderen jungen *Nagual* und einem weiteren nordamerikanischen Besucher auf der Spitze der Sonnenpyramide wieder. Die beiden Mexikaner feierten ein Ritual, von dem ich nichts Weiteres wusste. Plötzlich sah ich zu meinem größten Erstaunen, dass ihre Hände zu Millionen von Sternen, zu schwirrenden Lichtgalaxien wurden. Ungläubig wandte ich meinen Blick ab, doch auch als ich wieder hinsah, schien sich das Universum vor meinen Augen aufzutun.

Nach unserer Rückkehr von den Ruinen sprachen wir noch bis spät in die Nacht über unsere Erfahrungen auf den Pyramiden. Den ganzen Tag lang hatte Don Miguel mich einem ganz bestimmten „Training" unterzogen, welches mir helfen sollte, von der gewöhnlichen Wirklichkeit Abstand nehmen und das Außergewöhnliche wahrnehmen zu können. Immer wieder konfrontierte er mich mit Unvertrautem und provozierte mich des Öfteren, indem er meine Ansichten herausforderte, sodass ich mich schließlich recht unwohl fühlte. Ich war zornig darüber, dass er meine Reaktionen mit Verhaltensweisen herausforderte, die völlig albern schienen. Als ich Don Miguel völlig erschöpft und innerlich zerrüttet ansah, begegnete mir in seinem Blick nichts Anderes als bedingungslose Liebe.

Obwohl mein Vernunftdenken die nächsten Monate hindurch ständig versuchte, mich davon zu überzeugen, dass es völlig unmöglich war, Hände voll wirbelnder Lichtgalaxien zu sehen, weiß ich heute, dass ich die *Nagual* so sah, wie sie wirklich sind, und dass ich ebenso aus solchen Galaxien aus Licht bestehe. Mein Verstand leistete allen Widerstand, den sein rationales Denken aufbringen konnte, bis er sich schließlich von der Wahrheit geschlagen geben musste.

Nach dieser Reise nach Teotihuacan begannen die Grundlagen meiner Welt zu zerbröckeln. Meine Partnerschaft zerbrach und das Leben erschien mir sinnlos. Ich wurde geschüttelt von Augenblicken veränderter Wahrnehmung und emotioneller Unbeständigkeit. Warum folgte diesen transzendenten Erfahrungen plötzlich solche Verzweiflung? Langsam begann ich zu verstehen, dass dieses helle Licht, dem ich begegnet war, auch Licht auf meine versteckten Schattenseiten geworfen hatte, mit denen ich mich nun auseinander setzen musste. Diesen Umstand in das Verständnis meiner alltäglichen Wirklichkeit zu integrieren, erwies sich als äußerst schwierig.

Schließlich erfuhr ich, dass das Glaubenssystem der *Nagual* sehr wohl über Mittel zu einer solchen Integration verfügt. Eines davon ist die Pirsch. Und tatsächlich geht es hier um das Verfolgen einer Beute. Für die *Nagual* jedoch ist die größte Beute unser Verstand – insbesondere unsere begrenzten Ansichten und die unbewussten Aspekte unseres Ichs. Wir stellen ihnen nach, um sie uns bewusst zu machen und unser Selbstbewusstsein (im engst-möglichen Wortsinn) zu stärken. Zu all diesen Techniken gibt es mittlerweile zahlreiche Bücher und Seminare. Mir halfen am meisten diejenigen, in denen es darum ging, meine Gefühle und Denkmuster zu untersuchen, ihre Ursprünge ausfindig zu machen und all jene zu eliminieren, die mir nicht mehr dienten. Denn nur so war es möglich, die Energie zurückzuerlangen, die durch ineffiziente Verhaltensweisen verlorenging.

Nach einer meiner ersten depressiven Phasen hatte ich mich entschlossen, nach Indien zu reisen, um die Energie großer Meister zu erfahren, die der antiken Vorstellung des Gottmenschen (eines göttlichen Wesens in Menschengestalt) heute wohl am nächsten kommt. So kam ich eines Wintertages nach einer 24-stündigen Busfahrt von Neu Delhi nach Dharamsala im Zentrum der Tibetischen Exilregierung an, welches in einer wunderbaren Gegend am Fuß des Himalaja liegt. Ein „Glücksfall" ermöglichte mir eine Audienz bei seiner Heiligkeit, dem Dalaï Lama. Am Nachmittag dieses Tages füllte sich der Hof des Klosters mit Besuchern und Mönchen in roten Kitteln. Wir warteten still und mit steigender Spannung. Plötzlich tauchte er hinter einem Schwall bunter Insignien auf. Trotz des äußeren Prunks wandelte er fast scheu und demütig zwischen uns, um die einzelnen Besucher zu segnen. Als ich an die Reihe kam, hatte ich das Gefühl, unglaubliche Energie zu empfangen und befand mich in einem Zustand unvorstellbarer geistiger Klarheit.

Meine Erfahrungen in Indien überzeugten mich davon, dass es Gottmenschen nicht nur in Mythen gab, sondern dass es sich dabei um Menschen handelte, die neben ihren außergewöhnlichen Fähigkeiten auch über besondere spirituelle Kräfte verfügen.

In Südindien, in der Nähe von Bangalore, befand ich mich im Energiefeld des Gottmenschen Sai Baba, dessen strahlende Aura man schon aus der Entfernung mehrerer Häuser wahrnehmen kann. Ich sah nicht nur sein enormes Energiefeld, sondern fühlte seine alles durchdringende Liebe noch Monate danach. Noch weiter südlich besuchte ich eine der wichtigsten indischen Pilgerstätten, den Berg Arunacula. An seinem Fuße liegen unzählige Höhlen, in denen heilige Sadhus jahrzehntelang leben und meditieren. In einer solchen Höhle hat man das Gefühl, in einem stark schwingenden Kristall zu sitzen. Mein Geist wurde sehr still, mein Bewusstsein öffnete sich und meine Wahrnehmungen wurden intensiver.

Aus all meinen Reisen zu hinduistischen, buddhistischen, aber auch schamanistischen Kulturen Amerikas und aus all den Jahren der Erfahrung außergewöhnlicher Wirklichkeit lernte ich, dass die Realität, die wir gewöhnlich wahrnehmen und in der wir leben und handeln, nichts weiter ist als ein Traum – eine kulturell bedingte und kommunizierte Weltsicht, mit der alle einverstanden sind. Die greifbaren

Aspekte dieses großen Konsenses wurzeln in einer dreidimensionalen Welt mit linearer Zeit. Daraus folgt eine scheinbar vorhersehbare, messbare und objektive Wahrnehmung des Raum-Zeit-Gefüges. Jenseits dieses Kontinuums bestehen andere Wirklichkeiten: Der Mikrokosmos der Quantenphysik, der Makrokosmos der galaktischen Interaktionen, die Traumzeit der Aborigines und viele mystische Zustände, die alle die Gesetze der Newtonschen Physik in Frage stellen.

Ich bin überzeugt davon, dass *alle* Menschen in mehreren Realitäten existieren können. Wie die legendären Gottmenschen sind auch wir mehrdimensionale Wesen, die nicht nur lernen können, diese mehrfachen und simultanen Wirklichkeiten wahrzunehmen, sondern auch in den höheren Welten zu handeln, die uns diese Wahrnehmungen eröffnen.

Seit meinem ersten Besuch mit Don Miguel Ruiz bin ich noch oft nach Teotihuacan zurückgekehrt. An dieser Stätte, an der „der Mensch zu Gott wird", erwachte ich vor einigen Jahren zu etwas, was ich als „Engelslicht" bezeichnen möchte. Ich saß auf der Pyramide des Mondes und sah der Menschenmenge zu, die sich von der Tempelanlage auf der Allee der Toten zu den Pyramiden bewegte. Es war ein schöner Tag und alle Konturen zeichneten sich klar ab. Plötzlich begann das Licht mit mir in Wellen von Bildern und Worten zu kommunizieren. Jede Welle brachte eine höhere Bewusstseinsstufe mit sich und übermittelte mir Informationen, die meine Weltsicht veränderten. Ich hörte auf, ein einzelnes Lebewesen zu sein, und wusste mich stattdessen als Teil eines ungeteilten Ganzen. Ich begann mit diesem Engelslicht zu verschmelzen und überließ mich willentlich der Klarheit, die mich überkam. Während ich nie das Bewusstsein meines Körpers verlor, der da auf der Spitze der Pyramide saß, fühlte ich zugleich, wie ich seine Grenzen überschritt. Das Licht, mit dem ich verschmolz, durchdrang meinen Körper, doch war ich zugleich viel mehr als dieser Leib. Ich war zur ureinen Kraft des kosmischen Lichts – eine Welle galaktischer Information in der Form reinen Lichts geworden, welches sich in einem Akt reiner Liebe über diesen Planeten verströmt.

Während dieser Erfahrung wurde mir auch klar, dass ich nie etwas Anderes als diese Welle des Lichts und alles andere bloße Illusion gewesen war. Ich sah die Dinge aus der Perspektive dieses Lichts, welches der Urgrund allen Bewusstseins ist. Ich verstand, dass ich nichts weiter bin als eine Projektion – eine Form des Gedankens und ein Aspekt einer kollektiven Lichtkraft, die die Wahl getroffen hat, sich zu verstofflichen.

In diesem Zustand erhöhten Bewusstseins fühlte ich zugleich, dass nichts dieses Licht daran hindern konnte, über unseren Planeten zu leuchten. Ich nahm auch eine höhere Ordnung wahr, die sich von einer Art kosmischen Hologramms aus entfaltete. Mit einem Mal war mir klar, dass die Materie Bewusstseinsebenen erreichen würde, die unsere Vorstellungskraft bei weitem überschreiten. Ich sah, wie Wellen dieser sanften, erobernden Kraft kosmischen Lichts herabkamen, Form annahmen und unsere Welt auf immer veränderten. Ich sah die Urwirklichkeit als ein ungebrochenes, willensbegabtes Ganzes und wusste, dass ich lediglich ein Teil dieser höheren Absicht war. Kurz, ich sah die Welt mit völlig neuen Augen, so wie Engel und die höheren Kräfte, die sie repräsentieren, uns sehen. Ich begriff, dass in meinem tiefsten Inneren, ja auf der Ebene meiner DNA, etwas lange Verborgenes erwacht war. Ich „keimte".

Dieser Augenblick absoluter Klarsicht, der mir auf der Pyramide des Mondes zuteil wurde, veränderte mein Leben von Grund auf. Meine Weltsicht und meine Selbstwahrnehmung durchliefen einen ebenso radikalen wie unwiderruflichen Wandel. Da ich verstanden hatte, dass ich Teil eines größeren Bewusstseins war, begann ich mich neuen Ebenen der mir innewohnenden Mehrdimensionalität zu öffnen.

Im selben Jahr hatte ich die Gelegenheit zu einer Reise zum Machu Picchu, dieser wunderbaren Tempelstadt der alten Inkas, 80 Kilometer nordwestlich von Cuzco in Peru. Damals wusste ich noch kaum etwas über die Inkas und ihre Prophezeiungen. Der „Zufall" wollte es, dass ich zu einem höchst interessanten Zeitpunkt an den Machu Picchu gelangte. Waldbrände waren vor kurzem über die umliegenden Berge gefegt und hatten wie durch ein Wunder vor den Ruinen Halt gemacht. Das Feuer hatte die Gegend nicht nur rein äußerlich geläutert, sondern auch eine spirituelle Säuberung vollzogen. Und offenbar war noch viel mehr geschehen. So erklärte uns ein *Pag'o* (Schamane), dass sich seit der Reinigung der Heiligen Berge um den Machu Picchu mehrere alte Tore zu Energiefeldern geöffnet hatten.

Für die frühen Inkas waren solche Pforten mehr als bloße Metaphern. Sie waren lebendige Wirklichkeit und konnten in mehreren Dimensionen zugleich erfahren werden. Die Inkas glaubten, vom göttlichen Licht abzustammen und im körperlichen Leben als göttliche Sendboten zu dienen. Um das Jahr 1525 n. Chr. stellte der oberste Inka fest, dass ihr Zugang zu höheren Welten feinerer Frequenzen bzw. zu Lichtfeldern abnahm. Vielleicht hatte er festgestellt, dass bestimmte stoffliche Schwingungen sich verlangsamt hatten und die immer dichter werdende materielle Welt ihren Zugang zu den höheren Welten begrenzte. Diesen Wandel bezeichneten sie als das Verschließen der Pforten. Interessanterweise handelte es sich bei diesen Pforten nicht nur um den Zugang zur himmlischen Welt, sondern auch zu höheren, individuellen Bewusstseinszuständen.

Meine persönlichen Erfahrungen führten mich zu einer eingehenden Beschäftigung mit den geschichtlichen Umständen dieser Epoche. Die daraus gewonnenen Erkenntnisse ließen mich zur Überzeugung kommen, dass diese Pforten zu anderen Dimensionen sich aufgrund der Konvergenz verschiedener irdischer wie kosmischer Umstände wieder öffnen. Eine neue Ordnung, die zu einem höheren menschlichen Potenzial einlädt, beginnt sich zu entfalten.

Eines Abends schritt ich unter einem sternenübersäten Himmel durch ein solches antikes Tor, um zu entdecken, dass wir als reines Licht unsterblich und grenzenlos sind. In diesem Zustand der absoluten Klarheit stand es abermals außer jedem Zweifel, dass ich in keiner Hinsicht von der übrigen Schöpfung getrennt war und es sich bei jeder dieser augenscheinlichen Trennungen um bloße Illusion handelt, da wir alle Ausdruck eines dynamischen Ganzen sind. Das war zwar keine neue Information mehr, doch nahm ich sie nun energetisch in einer Tiefe war, die mein Verstand allein nicht mehr fassen konnte.

Am letzten Tag meines Peruaufenthalts besuchte ich die so genannte Muru-Pforte am Titicacasee nahe der bolivianischen Grenze.

Es heißt, hier befände sich die Urwiege der Kinder des Lichts. Auf dem Weg dorthin erzählte uns Jorge, unser einheimischer Führer, die Legende Amanumurus, der eines Tages als großer Gottmensch durch diese Muru-Pforte ins Himmelreich geschritten war. Die Geschichte berührte mich zutiefst. In all den Jahren seit meinen ersten Erfahrungen war meine Rückkehr in die gewöhnliche Wirklichkeit oft recht schwer gewesen. Manchmal war ich dieser Welt überdrüssig, besonders angesichts all der Härte und Grausamkeit der menschlichen Existenz. Obwohl mir auf eine etwas vage Art klar war, dass ich ein mehrdimensionales Wesen war, hatte ich das Gefühl, dass ein Teil meines Lichts von weit außerhalb unseres Planetensystems herrührte. Ich sehnte mich danach, mich mit dieser Quelle des Bewusstseins zu vereinen. Ganz offenbar fehlte es meiner Mehrdimensionalität jedoch noch an einer gewissen Erdung.

Die Muru-Pforte ist ein rechteckiger Rahmen, der in eine große, aufrecht stehende Felsplatte gehauen wurde. In der Mitte befindet sich ein kleines Loch auf Nabelhöhe, welches direkt auf die Sonneninsel mitten im Titicacasee weist. Diese Insel ist der Legende nach die Quelle allen Lebens. Obwohl die rote Felslandschaft sehr den spektakulären Felsformationen meines heimatlichen New Mexicos ähnelt, habe ich an keinem anderen Ort eine solche mythische Kraft empfunden, wie an jenem Tag am Titicacasee.

Ich war von natürlichen Skulpturen umgeben, die den Wandel der menschlichen Saat symbolisierten. Zuerst kletterten wir auf einen etwa 30 Meter breiten Felsen, der an den Körper einer Schlange erinnert und die erste Ebene der Andenwirklichkeit versinnbildlicht: die Unterwelt. Dann glitten wir über Felsen hinunter, die wie der Rücken eines Pumas aussehen und für die zweite Ebene der Andenrealität stehen: die offenbare Welt. Zu guter Letzt gelangten wir in ein kleines Tal, wo eine riesige Raupe auf ihre Metamorphose zu warten schien. Ganz oben auf den Klippen steht dort ein spektakulärer Fels, der aussieht wie ein Schmetterling, der in den tiefblauen Himmel zu streben scheint.

Das gesamte außerweltliche Energiefeld um die Muru-Pforte scheint zur Trance einzuladen. Als ich schließlich im Torbogen stand, streckte ich beide Arme zur Seite aus und legte meinen Bauch an den Kreis der Mitte. Als ich so wie ein Kreuz dastand, erschienen mir strahlende Zeichen und Bilder. Ich nehme an, dass die großen Elohim – die Gottmenschen der mythischen Vergangenheit, die Engel der jüdisch-christlichen Tradition, die das spirituelle Bewusstsein in stoffliche Form brachten – uns so sehen. Ich sah die wunderbaren Saatbeete der Entwicklung menschlichen Bewusstseins. Ich sah die große Liebe und das Wohlwollen, mit dem die Gottmenschen diesen Garten hegen, und auch, wie sie die helle Gottessaat der Menschheit mit reinem göttlichen Licht erleuchten. Ich sah, wie sie unser Wachstum seit fast unmessbarer Zeit nähren und fühlte die große Freude, die sie beim Keimen dieser Saat empfanden.

Nach jahrelangem blinden Umhertasten fand ich schließlich einen Halt in diesem leuchtenden Reich menschlicher Mehrdimensionalität. Um dieses neue Bewusstsein jedoch zu integrieren, musste ich zunächst meine tief eingewurzelten falschen Ansichten bezüglich meiner selbst und der Welt fahren lassen. Es wurde mir dabei immer klarer, dass wir uns heute am Anfang eines neuen Kapitels der Menschheitsgeschichte befinden, das zahlreiche antike Mythen verschiedenster Kulturkreise bereits vorhergesehen hatten.

Wie diese alten Texte und Prophezeiungen geweissagt hatten, beginnen sich diese Sphären heute wieder zu öffnen, welche jene antiken Kulturen immer schon als gegeben ansahen. Die Pioniere der Wissenschaft und der Erforschung des menschlichen Bewusstseins erweitern unser Verständnis um das menschliche Potenzial. Jüngste Entdeckungen der Quantenphysik und der Kosmologie lassen ahnen, zu wie viel mehr Mensch und Universum fähig sind.

Eine völlig neue Dynamik scheint die Menschheitsgeschichte zu beflügeln. Eine höhere Ordnung beginnt unsere Sicht der Welt und unseres Lebens völlig zu revidieren. Wie die Alten vorhersahen, *beginnt die menschliche Gottessaat zu erwachen.*

Einleitung

Wir leben in einer Zeit, die der berühmte Mythologe Joseph Campbell als „Endmoräne der Mythen und mythischen Symbole" bezeichnete. Uns bleiben heute nur noch Bruchstücke der Rituale und Symbole, die einst der menschlichen Existenz Sinn verliehen. Den alten Geschichten fehlt es an Inspiration und Leben, da sie heute aus ihrem Kontext des Glaubens und der Praxis gehoben sind. Kurz, die alten Götter sind tot. Auf der taghellen Seite jedoch beginnen neue aufzutauchen.

Dennoch zeichnet sich ihre Form bereits in den frühen Mythologien Ägyptens, Afrikas, Tibets und Asiens ab. Die Mythen der Hopis zeigen, dass dasselbe auch für die Urbewohner des amerikanischen Kontinents gilt. Keine dieser Kulturen erhob je – wie die jüngeren Religionen – Anspruch auf ewige Alleingültigkeit. Ganz im Gegenteil, sie waren sich sehr wohl des Umstands bewusst, dass sie nur einen Teil einer Wahrheit verkörperten, die sich aus verschiedenen Strängen zusammensetzte. Es wurde außerdem beobachtet, dass ähnliche Ideen oft an verschiedenen Orten dieses Planeten zugleich auftauchen und sich schließlich gegenseitig „bestäuben" und dadurch die gesamte Menschheit bereichern. Auch in unserer heutigen Zeit, in der pollenbeladene Brisen über den gesamten Erdball wehen, ist eines sicher: *Alle Mythologien der Welt spiegeln das Göttliche wider.*

Dieses Buch soll einen Einblick in die menschliche Existenz geben, wie sie von den Urvölkern Mittelamerikas und Perus, insbesondere der Mayas und Inkas erfahren wurde, denn diese Perspektive wird unseren Blick auf das kommende Zeitalter klären. Warum jedoch Mittelamerika und Peru? Einerseits, da die Mythen und Prophezeiungen dieser geheimnisvollen Kulturen nur selten und wenn, dann oft aus falscher Perspektive beleuchtet werden; andererseits, weil ihre Weltsicht eine besondere Rolle in der Gestaltung des neuen menschlichen Bewusstseins zu spielen scheint, welches sich gerade zu entfalten beginnt.

Ganz gewiss treffen wir den Gedanken einer menschlichen Gottessaat nicht nur bei den Mayas und Inkas an. Viele andere Kulturen verstanden sich ebenfalls als Kinder des Lichts. Einzigartig an ihrer fruchtbaren Idee einer gottgeschaffenen Menschheit ist vielmehr das eklektische Verständnis des menschlichen Traums. Auch die jüngsten Forschungen im Bereich der Quantenphysik, der Kosmologie, der Holographie und des Studiums des menschlichen Bewusstseins deuten auf eine weite Umstrukturierung hin, die unsere Wahrnehmung der Wirklichkeit ebenso wandelt wie die Rolle, die wir in ihr spielen.

Durch diese neue Weltsicht erfahren wir, dass wir als Teil eines größeren Ganzen in Feldern von immer feiner werdenden Energien existieren und Lichtwesen, Samen eines Baumes göttlichen Bewusstseins sind, der den gesamten Kosmos erfüllt. Die Mythen der Mayas und Inkas erzählen uns, dass das göttliche Bewusstsein vor langer Zeit auf diesem Planeten gesät wurde und so das Wunder der göttlichen Ahnenschaft begann. Verbinden wir dieses alte Wissen mit der heutigen Wissenschaft, so können wir durchaus zur Annahme gelangen, dass der Kode für diese uralte Gabe der Götter des Lichts in der Struktur unserer DNA liegt. Je mehr Menschen sich an diese ihre Herkunft erinnern, desto klarer wird dieses neue Bewusstsein hervortreten, bis eine so genannte kritische Masse erreicht sein wird, die einen Evolutionssprung zu einer neuen menschlichen Gattung bewirkt – der lange erwartete, spirituelle Mensch, den die antiken Kulturen als Kind des Lichts bezeichneten. In diesem Buch nenne ich diesen neuen Menschen auch die Gottessaat.

Doch wo stehen wir nun in diesem neuen Abenteuer? Wir beginnen gerade die Ära eines neuen Jahrtausends, eines neuen Weltzeitalters und einer neuen Präzessionsphase. Wir sind im Begriff, die alte Weltsicht eines unveränderlichen, dreidimensionalen Raumes mit kontinuierlicher Zeit zunehmend durch eine völlig neue, revolutionäre Weltschau zu ersetzen, nach der wir uns alle in einem dynamischen Zustand ungebrochener Ganzheit befinden. Auf den folgenden Seiten werde ich aufzeigen, dass wir uns in der Tat auf dem Weg einer kollektiven Wandlung befinden.

Auch wenn dieses Buch auf grundlegender Dokumentation basiert, so bin ich doch keine Wissenschaftlerin. Mein Ziel war, Informationen aus den verschiedensten Quellen zusammenzufassen. So mag der Leser diese Zeilen als eine erzählerische Verknüpfung von Fakten, mündlicher Überlieferung und menschlicher Vorstellungskraft verstehen.

Um die Geschichte der menschlichen Gottessaat, diesen Archetyp der Entwicklung des menschlichen Bewusstseins, wirklich erfassen zu können, müssen wir zuerst einige konzeptuelle Schwellen überwinden. So werden wir im ersten Kapitel all den Prunk und Glanz der materialistischen Gesellschaft hinter uns lassen und in eine Welt des Schamanismus eintauchen. Wir hören die Geschichte der Gottessaat aus der Perspektive der jungen Inkapriesterin Wayu, einer *Mamacona* oder Sonnenjungfrau, die vor etwa 500 Jahren in der Andenburg des Machu Picchu der Mutter des Alls, der *Pachamama* diente. Diese Geschichte basiert auf mythischen und historischen Quellen und soll uns ermöglichen, uns in Zeit und Thematik einzufühlen.

Schon bald werden wir sehen, dass Wayus Welt mehrdimensional ist. Für sie ist alle Materie bewusst, und sie ist imstande, die Energie ihrer Formen wahrzunehmen. Dies und die Fähigkeit, in mehreren Wirklichkeiten zugleich zu existieren, ist die Frucht einer langen Lehrphase, in der sie u.a. auch erfährt, dass sie selbst eine Gottessaat, ein Kind des Lichts ist. Die durch die Spiritualität ihrer Vorfahren bereicherte Weltsicht ermöglicht ihr auch, die schweren Jahre um 1525 zu überstehen, die für das Reich der Inkas eine Zeit des *Pachacuti*, des raschen Wandels bedeuteten. Das Wort *pacha* meint hierbei zugleich „Welt" und „Zeit", während *cuti* einen Umsturz bezeichnet. Die Welt Wayus durchlief in der Tat einen ähnlichen Wandel, wie er auch uns heute bevorsteht.

Während wir im ersten Kapitel in die Welt der Mythologie eintauchen, geht das 2. Kapitel genauer auf die Kultur der Inkas und Mayas ein. Mithilfe neuer Disziplinen wie der Archäoastronomie soll in diesem Kapitel mit überkommenen Vorurteilen und Missverständnissen aufgeräumt werden. Unter anderem erfahren wir hier eine ebenso neue wie kraftvolle Version der Schöpfungsgeschichte.

Das zentrale 3. Kapitel ist auch das längste. Hier bekommen wir einen tiefen Einblick in Konzepte der Weltzeitalter und der heiligen Übereinstimmung, die für das Verständnis um das Entstehen neuer Wissenschaften und der später in diesem Buch dargelegten Form der Spiritualität unabdinglich sind. Dieses Kapitel soll dem Leser später den Zugang zu modernen Anwendungsgebieten alter Weisheit erleichtern.

Im Gegensatz zur heute oft vorherrschenden Besorgnis angesichts des neuen Jahrtausends sind die alten mystischen Lehren der Anden, die auf dem praktischen Verständnis des Menschen als Lichtwesen basieren, durchaus positiv zu verstehen. Im 4. Kapitel werden die Prophezeiungen dieser Andenkultur für das anbrechende, neue Weltzeitalter im Detail geschildert. Hier erfahren wir auch von Zeitzyklen, deren Dauer und Bedeutung alles bisher Bekannte übersteigt.

Im 5. Kapitel werden die Entdeckungen der Quantenphysik und anderer neuer Wissenschaften im Lichte der antiken Lehren betrachtet. Wir stehen an der Schwelle eines neuen Zeitalters, welches uns die Möglichkeit zu einem enormen Wandel des menschlichen Bewusstseins eröffnet. Deshalb müssen wir auch verstehen, was es bedeutet, wahre Quantenwesen zu sein, d.h., in einer außergewöhnlichen Wirklichkeit zu existieren, was unser individuelles und kollektives Geburtsrecht ist. Im 6. Kapitel sehen wir, wie die antiken Kultstätten in aller Welt dem inneren Wandel dienen und wie sie unsere Erfahrungen im kraftvollen Kontext des Mythos verankern können.

Schließlich haben wir in diesem Neuen Zeitalter – dem „New Age" – Gelegenheit dazu, unser Verständnis von der menschlichen Gattung grundlegend zu revidieren. Ich hoffe deshalb, dass Sie im 7. Kapitel meine Ansicht teilen werden, dass die Antwort auf die Frage nach unserer wahren Identität und unserem Lebensziel spannender ist als alles, was wir bisher erfahren haben.

1. Kapitel

Hüter der Saat

Durch Myriaden der Zeit gelangte die Saat
von einem Universum ins nächste
bis sie auf fruchtbaren Boden
am Rande des Wassers fiel.

Dort schlug sie Wurzeln
unter harter Sonne
und harrte der dunklen, grauen Nacht
bis Frühlingslicht sie wachküsste.

Ein Samen erwachte,
entsann sich verborg'ner Vergangenheit
und brachte neues Leben hervor.
Das Licht seiner Essenz wurde Form.

Und so wurde Mögliches Gestalt
und ersetzte Wüstes durch Leben.
Und da, wo die Gottessaat spross,
sang die Erde Freudenlieder.

Und so vollzog sich
der Wandel dieser Welt.
Und der Samen zeugte seinesgleichen –
Gottessaat auf der Suche nach fruchtbarem Boden,
Gottessaat eines neuen Lichts.

Wayu hatte verschlafen. Bald würde die Sonne aufgehen. Schnell warf sie sich ihre türkisfarbene Tunika über, brachte ihr wirres langes, dunkles Haar etwas in Form und lief zu den anderen auf den Hof. Nur wenig Glut war da noch in der Asche des Feuerplatzes, und der Morgen war noch recht frisch. Jetzt bereute sie es, die warme Decke aus Alpakawolle in der Eile vergessen zu haben. Die Älteste war schon tief ins Gebet vertieft. Wayu kniete sich demütig in Richtung des ersten Sonnenstrahls auf den Boden. Dies war das reinste Licht, durch das Wiraccocha, der Schöpfer, ihre Gebete erhören sollte.

Die Älteste begann:

Wiraccocha
  Erhöre unsere Gebete,
  Wir flehen dich an.
  Unsere Herzen sind ein Herz.
  Verlasse uns nicht.

Wiraccocha
  Wir sind deine Kinder,
  deine Kinder des Lichts.
  Wir gehorchen deinem Willen.

Als das Licht die Tempelanlage erreichte, die die Außenwelt Machu Picchu nannte und die auf dem abgelegenen Plateau über dem heiligen Tal lag, erwachten die Berge zu neuem Leben und nahmen Form an. Strahlende smaragdgrüne Schichten strebten nach oben, wo sie auf einen dunstigen, blauen Himmel stießen. Zuerst offenbarte sich Machu Picchu gefolgt von Wayna Picchu und den anderen heiligen Bergen. Als die ersten Strahlen über die Gipfel tanzten, stieg die purpurne Aura von Vater Sonne an die Sonnenpforte. Als Wayu ihren Kopf vom Gebet erhob, durchströmte sie das liebende Licht der Sonne, welches durch die Pforte des alten Berges leuchtete. Das Licht drang in all seiner Reinheit bis tief in ihr Herz, wo die Antwort von Vater Sonne sie segnete.

Sie stand nun mit den anderen und hörte auf ihre inneren Rhythmen, während die Sonne langsam aufging. Was hatte sie da noch geträumt? Sie war mit ihrer Lehrerin, Hüterin und Lichtträgerin beim heiligen Fluss unten am Rande des Urwalds gewesen. Sie wandte sich um und sah, wie ihre Hüterin sie anstarrte. Nein, sie wusste nicht, was dieser Traum zu bedeuten hatte. Sie würde später mit ihr darüber reden.

Das Morgenritual würde bald sein Ende nehmen. Wie die anderen Schülerinnen hatte Wayu nach dem Erwachen des Himmelsvaters keine Zeit zu verlieren, sondern begab sich gleich an die Hausarbeit, die noch vor dem Unterricht verrichtet werden musste. Zuerst holte sie Wasser vom Herzen des Wassergeistes. Ihre Schritte waren behende und von einer Anmut, der ihr Alter eigentlich noch gar nicht gerecht wurde. Sie schien dabei kaum den Boden des Pfades zu berühren. Sie war zwar noch ein Kind, doch schon ziemlich groß und geschmeidig. Ihre feinen Züge waren die der königlichen Abstammung der Inkas: hohe Wangenknochen, Haar wie Ebenholz, dunkle durchdringende Augen und willensstarke Augenbrauen. Doch irgendetwas unterschied sie von den anderen. Eine ungewöhnliche Aura umgab sie, die nicht von dieser Welt zu sein schien.

Als sie an der ersten Terrasse angelangt war, hielt Wayu kurz an, um dem Wassergeist für das Leben zu danken, welches er spendete. Bald würde die Zeit der Saat kommen. Wayu sah vor ihrem geistigen Auge schon die Samen keimen, die jungen, grünen Maissprößlinge der Sonne entgegenstreben. Sie wusste, dass der Mais wieder hoch stehen und im Morgenlicht glänzen würde, und dass er im selben Kreislauf wieder neue Saat spenden würde.

Die Ostseite der Tempelanlage wurde durch die Terrassen des Berghangs abgegrenzt, gestützt von Steinwänden, in denen jeder Granitblock sich ohne jeglichen Mörtel nahtlos in den nächsten fügte. Auf diesen Terrassen wuchsen Mais, Quinoa und Kartoffeln, die Wiraccocha Wayus Volk geschenkt hatte.

Ein in Stein gehauener Kanal fasste die Quelle, die sich in kleinen Wasserfällen über die einzelnen Terrassen ergoss. Obwohl der Fluss gute 600 Meter tiefer lag, versorgte die nie versiegende Quelle den Sonnentempel mit dem Wasser des Lebens. Ein kleiner Wasserfall ergoss sich hier in das steinerne Becken, vor dem Wayu nun kniete, sich mit dem Herzen des Wassers in Einklang brachte und den fein verzierten

Krug damit füllte. Sie wusste, dass das Wasser eine Gabe der *Pacha-mama,* der kosmischen Mutter war.

Mit dem Krug auf dem Kopf wandte sie sich in Richtung des Putucusi, ihres geliebten Schutzberges. Das Morgenlicht erfüllte die Aura des Putucusi bereits mit den buntesten Farben. Sie schloss ihre Augen und sah die Palette derselben Farben in ihrem Inneren wieder. Als sie die Augen wieder öffnete, atmete sie tief ein und sandte mit ihrem Atem all dieses glänzende Licht ihres Herzens zur *Pachamama* und zum Putucusi zurück.

Jedes Kind des Lichts hatte in der Tradition der Inkas seinen eigenen Schutzberg, seinen *Apu* oder Berggeist. Als Wayu das erste Mal am Sitz der *Mamacona,* am Machu Picchu ankam, wusste sie, dass der Putucusi ihr *Apu* war. Majestätisch erhob er sich über dem üppigen Grün des Urwalds an seinem Fuße und schien sein ganzes Umfeld mit seiner Lebensenergie zu erfüllen. Sein Gipfel stand über den Wolken, die über die Hochburg hinweg zogen. Es bereitete Wayu keinerlei Anstrengung mehr, mit dem Herzen des Putucusi zu verschmelzen und in dieser Tiefe die besonderen Lehren ihres *Apus* zu erfahren. Schon in ihrer frühesten Kindheit vermochte Wayu bewusst auf die Nachrichten der Kosmischen Mutter zu hören.

Die Heilige Stätte des Machu Picchu war eine besondere Schule, in der die heiligsten Jungfrauen der Sonne, die *Mamacona* untergebracht waren, die hier lernten, der *Pachamama* zu dienen. Doch war der Machu Picchu mehr als eine Eliteschule der *Mamacona.* Diese jungen Priesterinnen waren die letzten Nachfahren einer antiken Linie, deren Ursprünge direkt auf den Anbeginn aller Zeiten zurückging. Sie waren die Hüterinnen der alten Pfade, der heiligen Saat selbst.

Die Ausbildung zur *Mamacona* war ebenso umfassend wie tiefschürfend. Wie die anderen Schülerinnen wurden auch Wayus feine Sinne so geschult, dass sie Intuition, tiefer Einsicht und den Heiligen Künsten dienen konnten. Als geschickte Weberin lernte sie gerade die heiligen Symbole, die in die verschiedenen Stoffmuster einflossen. Sie kannte bereits die Gebete zur Zubereitung ritueller Speisen – Maiskuchen und *Cholla,* einem Getränk aus gegorenem Mais, welches bei bestimmten Zeremonien ausgeschenkt wurde. Sie kannte das System der heiligen Zahlen und wusste, wie man aus den Sternenkarten den Tanz der Heiligen Tiere und Götter durch den Nachthimmel lesen konnte. Ein ganz kleiner Kreis der *Mamacona*, zu dem auch Wayu gehörte, wurde in der Kunst der wortlosen Sprache und des bewussten Hörens der Stimme der Kosmischen Mutter ausgebildet.

Auch wenn es noch viele Jahre hin war, bis auch Wayu in den Spuren der Ältesten wandeln würde, die zu den Sternen reiste und die stille Sprache der Götter verstand, versprachen sich die Priesterinnen viel von ihr.

Wayu blickte zum Sonnentor, einer Scharte im Berg, über die der Pfad ins Tal lief. Von dieser Stelle aus lagen die Berge kreisförmig um die Tempelanlage. Vater Sonne stand nun schon weit über dieser Pforte, und Wayu musste sich beeilen, um rechtzeitig zum Unterricht zu kommen.

Schon die jüngsten Priesterinnen kannten die alten Geschichten, von denen die wichtigste sicher die von der Nachkommenschaft des Schöpfergottes Wiraccochas war. Es hieß, Wiraccocha habe, lange bevor er die erleuchteten Vorfahren Wayus zeugte, eine dunkle Welt geschaffen, die er mit einer Rasse von Riesen besiedelte, denen er auftrug, in Frieden zu leben und ihm zu dienen. Da sie jedoch nicht gehorchten, ließ er sie zu Stein erstarren und verwandelte ihre Welt durch eine große Sintflut, den *Uru Pachacuti*.

Dann bevölkerte Wiraccocha die Erde wieder und schenkte den Menschen das Licht. Diese Schöpfung vollzog sich an der heiligsten Stätte der Inkas, dem Titicacasee. Hier befahl Wiraccocha der Sonne, dem Mond und den Sternen, aus dem See in den Himmel aufzusteigen, um den Menschen zu scheinen. Dann sandte Wiraccocha einen Boten nach seinem Abbild mit einem Sack voller Geschenke zur Welt. Dieser neue Wiraccocha verfügte über große Macht. Er konnte das Land nach seinem Gutdünken formen und Mensch und Tier Leben schenken.

Der Bote Wiraccocha begab sich nach Tiahuanaco, der heiligen Stätte der Schöpfung des Lichts am Ufer des Titicacasees. Hier zeichnete er auf einen Stein einen Plan der Menschheit, die er in eine neue Welt des Lichts rufen wollte. Dann wanderte er auf den Bergpfaden über die Hochebene und rief den Menschen zu, sie sollten aus ihren *Paqarinas*, ihren Urbehausungen kommen und die neue Welt bevölkern. Beim Klang seiner Stimme öffneten sich die Pforten der Welt, und die Menschen kamen hervor. Sie kamen aus heiligen Pforten, aus Seen, aus Höhlen, Quellen und Bäumen. Jeder Gruppe gab er eine Tracht, eine Sprache, verschiedene Samen und heilige Lieder. Er gab ihnen Namen für Bäume, Blumen und Früchte und zeigte ihnen, welche sie essen und mit welchen sie sich heilen konnten.

Wiraccocha trug dem neuen Volk auf, gut zu sein, einander zu lieben und sich kein Leid zuzufügen. Dann zeigte er ihnen, wie man die Erde bearbeitet, Terrassen anlegt, das Land bewässert und die heiligen Pflanzen Mais, Kartoffeln und Koka anbaut. Er schenkte ihnen auch die heiligen Künste des Webens und Töpferns. Bevor er diese Welt wieder verließ, überreichte er den Menschen von Ollantaytambo, die hoch oben im heiligen Tal wohnten, seinen Stab, in den sein ganzes Wissen graviert war. Die Stadt gelangte durch dieses bedeutende Geschenk zu großer Blüte. Aus Ollantaytambo kam auch der erste Inka, Manco Capac, der Erleuchtete.

Als Manco Capac zur Welt kam, wurde Wiraccochas Stab zu Gold. Die ersten Inkas waren vier Brüder und vier Schwestern. Als sie aus dem Haus der Morgenröte aufbrachen, um dem Lauf des Vilcanota zu folgen, traf ein goldener Strahl der Sonne auf sie und erleuchtete sie. Seither nannte man sie „Kinder des Lichts".

Es war schon einige Jahre her, dass Wayu und die anderen *Mamacona* über den langen Pfad durch das Heilige Tal nach Pacaritanpu, der Stätte der Erscheinung gepilgert waren. Es war ein anstrengender Tag gewesen, an dem der Pfad sie auch hoch über den atemberaubenden Fluss in die Berge und zu mehreren Kultstätten geführt hatte. Wayu war bei dieser Pilgerreise am meisten vom Bild des Wiraccocha beeindruckt gewesen, das die Vorfahren der Einwohner von Ollantaytambo in einen Heiligen Berg gemeißelt hatten. Als sie die Strahlen der Morgensonne über sein Riesenhaupt wallen sah, hatte sie in ihrem Innersten gefühlt, wie der Gottmensch über sein Volk wachte. Sie hatte mit den anderen *Mamacona* gesehen, wie das erste Licht der Sonnenwende Wiraccochas Scheitel beleuchtete und hatte so seinen besonderen Segen erhalten, einen Augenblick, den sie nie vergessen würde.

Wayu war mit den anderen zum Ursprung ihres Volkes, dem Haus der Morgenröte, dieser großen, versteckten Pyramide gepilgert, von der der erste Inka stammte. Sie hatte die Lichtfelder der *Paqarinas*, aus denen ihre Vorfahren, die königlichen Inkas gekommen waren, berührt. Seit diesem Augenblick war Wayu die Kraft ihrer Linie bewusst geworden, die direkt auf Wiraccocha zurückging. In ihren Adern floss das Blut der großen herrschenden Inkas, von Manco Capac bis hin zu Huayna Capac. Sie wusste, dass nichts stärker war als dieses königliche Blut, das lebendige Erbe ihrer Abstammung. Ihr Volk war direkt von Wiraccocha auserkoren worden, um die Saat des Lichts zu hüten. Es war geschaffen, in zwei Welten zu wandeln: in der Welt der Formen und der des Lichts. Das Geheimnis des Erwachens steckte tief in der Saat selbst. Ihr Volk war dazu bestimmt, auf den langen Pfaden der Einweihung zu wandeln, die ihm schon seit Urzeiten von Wiraccocha vorgezeichnet worden waren, um dieses Geheimnis zu lüften. Sie wusste, dass die Morgenröte der Sonnenwenden und die Heiligen Festtage besondere Kräfte freisetzten.

An jedem neuen Morgen fühlte Wayu, wie das alte Vermächtnis immer klarere Formen in ihr annahm. Sie war eine Trägerin des Lichts, aber auch ein Kind des Lichts innerhalb einer größeren Gemeinde.

Obwohl nur die *Mamacona* die alten Riten in all ihrer Kraft und mit vollem Bewusstsein abzuhalten wussten, feierte das ganze Volk nach wie vor die Feste Wiraccochas. Eine der bedeutendsten dieser Feierlichkeiten, das Erwecken der Saat, stand kurz bevor. Sie wurde abgehalten, wenn die Plejaden oder das Siebengestirn direkt über dem heiligen Kalenderstein auf dem oberen Tempelplatz standen und so die Saat segneten. Dies war der wichtigste Segen des Jahres für die heiligen Samen, die Kinder des Lichts.

In Wayus Kultur galt das Siebengestirn als die kosmische Sternenmutter, die ihren Kindern das Geheimnis des Lichts übermittelte. Es wurde auch die große Kornkammer genannt, da die Saat des Lichts hier ihren Ursprung genommen hatte. Wayu hatte immer schon gewusst, wo die Plejaden am Himmel standen und kannte ihre Position nun sogar schon unter bedecktem Himmel oder bei Tag. Sie stand in so enger Beziehung zu dem Siebengestirn, dass sie manchmal das Gefühl hatte, ihr Atem gehe im Rhythmus dieser Sterne. Jede *Mamacona* hatte auch eine besondere Beziehung zu einer Himmelsgottheit, und Wayu wusste, dass das Siebengestirn, das Mutterkorn, von dem alle Saat des Lichts ausging, ihre Sternenapu war. Sie wusste, dass es ihr eines Tages den Weg der Sterne und der vielen Offenbarungen des Lichts im Universum zeigen würde.

✳ ✳ ✳

Als sie mit dem Wasser zurückkam, setzte sie sich in den Kreis ihrer gleichaltrigen Mitschülerinnen, sechs Mädchen königlicher Herkunft an der Schwelle zur Frau, die sich bereits in der frühen Ausbildung durch große Aufnahmefähigkeit ausgezeichnet hatten. Jede trug eine andere Farbe, und als sie so im Kreis saßen, glaubte man sich in der Mitte eines Regenbogens. Sie bereiteten sich auf die große Initiation des Kondors, das Wayna Picchu vor. Dieses Wort ging auf den gleichnamigen Berg zurück, dessen Form an einen Kondor erinnert, der auf Machu Picchu blickt. Im Gegensatz zur männlichen Energie des Letzteren symbolisiert jener die weibliche. Der Kondor selbst stand in Wayus Kultur für die höhere Welt göttlicher Energien.

Wayu hatte bereits die Pfade der drei Energien der Welt gelernt: die Wege der Schlange, des Pumas und des Kondors. Auch die beiden Wahrnehmungsformen kannte sie, die zwei verschiedene Wirklichkeiten waren, die jede über ihre eigenen Pforten und Gesetze verfügte. Sie hatte erfahren, dass die gewöhnliche Welt der linearen Zeit mit den fünf Sinnen wahrgenommen wurde. Die außergewöhnliche Welt der heiligen Zeit des *Yoge* konnte hingegen nur mittels innerer Sinne erlebt werden. Für einen harmonischen Lebenswandel musste man alle Aspekte beider Welten im Licht des Schöpfers halten.

Wayu bereitete es keinerlei Schwierigkeiten, sich in die heilige Zeit zu versetzen. Dazu bedurfte es kaum mehr, als ihren geliebten

Berg Putucusi vor dem inneren Auge wachzurufen. Schon früh hatte sie gelernt auf die Stimme des Geistes zu hören, der sich in den verschiedensten Formen offenbaren konnte: im Rauschen des Windes, in Sonnenflecken, dem Flug des Heiligen Kondors, Wolkentieren oder dem Licht im heiligen Nebel.

Ein Grundpfeiler ihrer Ausbildung war die Kontrolle und das Deuten des inneren Dialogs. Wer nur in der gewöhnlichen Welt lebte, konnte seinen Geist ziellos schweifen lassen und so das wertvolle Geschenk Wiraccochas verschwenden. Doch die *Mamacona* hatten ihre Aufmerksamkeit zu schärfen, um die Wege Wiraccochas als Kinder des Lichts zu finden und zu begehen.

So lernte Wayu auch immer auf ihre innere Stimme zu hören, die ihr die Pforten zur außergewöhnlichen Welt des *Yoge* öffnen konnte. In der heiligen Zeit sah sie die Welt mit inneren Augen und hörte die Sprache des stillen Wissens. In Augenblicken erhöhter Wachsamkeit roch sie gleichsam die Kraft und kostete vom Nektar göttlicher Gegenwart.

Wayu hatte erfahren, dass die Botschaften von ihren inneren Sinnen unfehlbar waren, da sie aus der Quelle der Wahrheit kamen, während ihre Sinnesorgane ihr nur eine relative Wahrheit übermittelten. Die Welt der herkömmlichen Realität war wie ein Kistchen, dessen Seitenwände die Sinne darstellten.

Die alltägliche Welt wurde überdies noch durch die Eindrücke der Emotionen beschränkt. So hatte sie gesehen, wie die Farben und Gerüche der Angst das Wahrnehmungsfeld bestimmter Menschen vernebelten und dieses Kistchen noch kleiner werden ließen, während die Liebe diese Schranken dehnte und die Wahrnehmung klärte. Wayu und die anderen *Mamacona* kannten den Ausweg aus diesem Kistchen, da sie jenseits solcher Beschränkungen lebten. Sie wandelten die Pfade der Tempelanlage in der heiligen Zeit, um jederzeit auf die Stimmen des Geistes hören zu können.

Nun hatten sich die jungen Priesterinnen unweit des Tempels der Hohepriesterin, der Ältesten versammelt. Obwohl sie lachten und miteinander sprachen, lag Spannung in der Luft. Die große Einweihung des Blutes der kosmischen Mutter stand ihnen bevor. Es handelte sich hier um einen wichtigen Initiationsschritt zur künftigen Rolle als Frau und Priesterin.

Die Lichtträgerinnen, die die jungen *Mamacona* auf diese Zeremonie vorbereitet hatten, erschienen mit Ritualbündeln aus Zweigen, Tonerde und Steinen als Gabe der *Pachamama*. Aus den Falten ihres Kleides holte Wayu nun eine feine Webarbeit hervor, die sie für dieses Zweck geflochten hatte. Auf der langen, blau-violetten Kordel waren zahlreiche Symbole zu sehen, die für die erlernten Geheimnisse und die Pfade des *Yoge* standen, auf denen sie gewandelt war. Auch die Zeichen ihres Schutzberges Putucusi und ihres Leitsterns, des Siebengestirns, konnte man darauf erkennen. Ihre Lichtträgerin zeigte ihr, wie sie das Bündel damit umwickeln sollte. Bei jeder neuen Schleife sollte sie innehalten und dem alten Kondor, dem Wayna Picchu, ein Gebet schicken. Während sie so ihr Bündel schnürte, wurde ihr Herz eins mit der Kosmischen Mutter, ja mit der ganzen Schöpfung, und sie öffnete sich den höheren Lichtfeldern von Wiraccochas Liebe, indem sie immer lauter zu ihm betete:

Geliebter Vater, erfülle mich mit deiner Liebe,
   damit ich dir und der geliebten Mutter dienen
   und eine Mittlerin deiner Liebe sein kann.

Bald befanden sich alle *Mamacona* in tiefer Trance und waren völlig eins, als sie ihre Bündel für die große Zeremonie der Vereinigung vorbereiteten. Die Wolken, die über ihnen in der Morgenbrise um den Wayna Picchu kreisten, wurden zusehends heller, ganz als ob all die Gebete sie erleuchteten.

„Wenn ihr mit euren Bündeln fertig seid", sagte Wayus Lichtträgerin zu den Mädchen, „dann kommt an den Badeplatz am heiligen Fluss. Bereitet euch dort in den warmen Heilwassern vor und legt eure weißen Yogekleider an, bevor ihr zum Platz des Kondors geht. Heute ist ein besonderer Tag für euch alle. Wenn ihr fertig seid, werdet ihr vom *Pampa Mesayog* (einem mit Erdenergie arbeitenden Heiler) und seinem Helfer gesegnet werden."

Wayus Gesicht erhellte sich. Der Helfer des großen Schamanen war Cusi, ihr Cousin und liebster Seelenfreund. Er war ein Schüler des

Pampa Mesayog, des alten Meisters, der alles über die Energien der *Pachamama* wusste und sich ganz dem Dienst der Kosmischen Mutter und den alten Wegen in dieser heiligsten aller Tempelstädte widmete. Nur selten erhielten die jungen Priesterinnen den Segen des *Pampa Mesayog*. Heute Nacht würden sie in die Höhle im Wayna Picchu gehen und sich selbst dem großen Tempel des Mondes opfern. Die Vorbereitungen dazu mussten perfekt sein. Sie hatten drei Tage lang gefastet und nur Wasser getrunken. Nun sollten sie sich auch noch äußerlich reinigen und gesegnet werden.

Als die Mädchen aufbrachen, traf sich Wayus Blick mit dem ihrer Lichtträgerin und sie ließ sich von ihr in die Arme nehmen. Die Grenzen zwischen ihnen schienen aufgehoben, und sie fanden sich beide in dem Traum wieder, mit dem Wayu am selben Morgen aufgewacht war. Wieder waren sie am heiligen Fluss am Rande des Urwalds, wo hohe Bäume ein Dach über dem rauschenden Fluss bildeten, durch das nur wenige Sonnenstrahlen auf die Wasseroberfläche trafen, wo sie in den Farben des Regenbogens schillerten. Ihre Lichtträgerin griff im tiefen Wasser nach dem goldenen Licht, welches in den stilleren Winkeln tanzte, und holte aus den Untiefen des Vilcanota, des Flusses der Lichtfelder, Strahlen hervor, die sich in goldenen Spiralen um Wayu drehten. Das Licht drang durch ihre inneren Sinne und reinigte ihren Energieleib, beseitigte letzte Blockaden und öffnete neue Lichtkanäle, bis ihr Lichtkörper so klar wie ein Stern am nächtlichen Himmel schien.

Dann wandte sich die Lichtträgerin ihr zu: „Verstehst du, meine liebe Wayu? Deine Zeit ist gekommen." Wayu nickte und begriff, dass der Traum die Öffnung der Pforten angedeutet hatte.

Sie folgte ihren Mitschülerinnen auf dem Weg zum Fluss und hielt an, als sie dort an die Stelle ihres Traumes gelangte. Sie schickte ein Dankgebet ans fließende Wasser und blickte durch das dichte Blätterdach zum Himmel, wo sie die Silhouette eines Kondors hoch oben in den Lüften wahrnahm. Ja, dieser Tag würde segensreich sein.

Gebeugt von vielen Jahren stand der *Pampa Mesayog* mit seinem weißen, zum Knoten gebundenen Haar vor ihnen. Er sah ihre Auren wie Lichtfelder persönlicher Energien. Er konnte jede Krankheit beseitigen, noch bevor sie ausbrach und die Energieflüsse wieder ins

Gleichgewicht bringen. Er konnte Lichtkanäle wieder zum Leuchten bringen und alte und karmische Blockaden beseitigen, die die menschliche Entwicklung beeinträchtigten.

Wie Wayu, so war auch Cusi schon als kleines Kind in die Tempelstadt gekommen. Auch er war dunkelhaarig und schlank, doch nicht so geschmeidig und ätherisch wie seine Kusine. Der starke und drahtige Junge war aufgrund seiner Frühreife zu einem Kandidaten für den Weg des *Pag'o*, des Schamanen geworden. Nun war er imstande, mit den Augen eines *Mesayog* zu sehen. Zusammen reisten sie durchs Licht der Kosmischen Mutter.

Nun war Wayu an der Reihe, sich vor den *Pampa Mesayog* zu stellen. Sie sah genau zu, wie er ihren Energieleib betrachtete. Er machte sanfte Gesten und hieß sie auf einen flachen Altarstein legen. Neben ihr lächelte Cusi, während er ihr seine Herzenergie direkt zusandte und ihre Lichtfäden zusammenführte, sodass sie zu einem großen Lichtkanal wurden. Rauchwerk zog in duftenden Schwaden um sie herum und mischte sich mit dem Geruch des Lavendel und des Rosmarinöls auf den Händen des Schamanen. Immer wieder hob und senkte der *Pampa Mesayog* seine große schwarze Kondorfeder und reinigte so die heiligen Pforten. Dann salbte er mit Andacht Wayus drittes Auge.

Zwischen zwei Welten nahm Cusi die drehenden Lichtfäden wahr, die wie feinste Netze aus goldenem Licht durch Wayus Chakren flossen und sie mit den höheren Welten verbanden. In diesem Augenblick zeigte die Feder des Schamanen auf eine Pforte tief in Wayus Bauch, wo sich ein kleiner Knoten gebildet hatte. Cusi konzentrierte sich darauf und erkannte die Furcht, die Wayu vor langer Zeit erlitten hatte. Er sah, wie das kaum sechs Saatsegen alte Kind das vertraute Heim verlassen musste und in die hohe Tempelstadt gebracht wurde. Er fing den Blick des *Pampa Mesayog* auf und wusste, welche Steine jener benötigte, um diesen Knoten zu lösen. Nach einer Weile war alle Furcht geschwunden und ließ Wayu in einem makellosen, starken Energieleib zurück.

Noch lange bevor Vater Sonne seinen Himmelslauf beendet hatte, begaben sich die jungen *Mamacona* und ihre Lichtträgerinnen wieder auf den langen, vertrauten Weg zum Tempel des Mondes, der tief im Urwald lag. Die jungen Priesterinnen wussten, dass alle *Mamacona* vor ihnen bereits denselben Weg gegangen waren. Jeder Schritt, jeder Atemzug öffnete Wayus Herz und Seele ein Stückchen weiter. Sie konzentrierte sich auf die Träume und Zeichen, die sie an diesem so wichtigen Tag erhalten hatte. Als das Bild Putacusis vor ihr inneres Auge trat, sandte sie Energie von ihrem Bauch zu ihrem geliebten *Apu*, indem sie ihre Lichtfäden mit dem Licht ihres kraftvollen Behüters in Verbindung setzte und der Botschaft des Berges lauschte:

Kleine Schwester, ich werde bei dir sein.
Horch, kleine Schwester,
horch mit deinem Herzen:
Der Pfad wird klar sein, die Pforten werden offen stehen.

Wayu brachte ihr Herz mit dem der anderen und der Lichtträger, ja mit allem, was sie umgab, in Einklang. In diesem Zustand inniger Verbindung mit der Kosmischen Mutter trat sie in den Tempel des Mondes ein. Vater Sonnes letzte stolze Strahlen zeichneten sich am Horizont ab. Eine nach der anderen beugten die *Mamacona* ihre Köpfe, um ebenso aufmerksam wie demütig in die dunkle Höhle einzutreten. Als sie ihre Augen an die Dunkelheit gewöhnt hatten, erkannte Wayu die Älteste vor ihnen.

Hier in den Armen des Wayna Picchu wurden zahlreiche wichtige Rituale hinter dem Schleier der Nacht abgehalten. Wayu, deren heiliger Name „Liebeslied" bedeutete, war so von reiner Göttlichkeit erfüllt, dass jede Zelle ihres Körpers ein strahlender Kristall voller Licht wurde. Die Vereinigung von *Pachamama* und *Pachamag*, dem Kosmischen Vater schien sich in ihrem eigenen Körper zu vollziehen. Die Sterne tanzten und die Heiligen Berge weinten. Und bevor das erste Tageslicht wieder über das Sonnentor schien, war Wayu mit der Ältesten zu den fernen Fäden des himmlischen Lichts, durch die Große Pforte und zum Herzen der Milchstraße Mayu gereist. Was sie dort erfuhren, war noch unsagbar. Diese Lehren waren einer späteren Inkarnation des Lichts vorbehalten.

Das Mädchen, welches am Vorabend in den Tempel des Mondes eingetreten war, war nicht mehr mit der jungen Frau identisch, die nun wieder zur Tempelstadt zurückkehrte. Alle, die sie sahen, wussten, dass ihre Zeit gekommen war. Sie würde eines Tages die Nachfolgerin der Ältesten sein und eine *Kuraq* mit dem besonderen Klarblick werden. Da Wayu noch viel zu lernen hatte, zog sie mit ihrer Lichtträgerin zum abgeschiedenen Heim der Ältesten. Der Unterricht über verschiedene Traditionen nahm nun fast all ihre Zeit in Anspruch. Die Tage waren lang, doch eine neue Lebenskraft durchfloss ihren Körper. Ihre Nächte verbrachte sie auf den Traumpfaden des Nachthimmels in Begleitung der Ältesten. Zuerst fehlte Wayu die Kameradschaft der gleichaltrigen Mädchen, doch hatte sie schon in ihrer frühen Kindheit begriffen, dass sich ihr Weg von dem der anderen unterschied und sie nie eine eigene Familie gründen würde, da sie Wiraccocha gehörte.

Schon bald nach Wayus Einweihung hatte der *Pampa Mesayog* Cusi zur Lehre zu anderen mächtigen *Mesayogs* im Tal und im weiten Land geschickt. Auch Cusi fehlte Wayu sehr, und sie wartete sehnlichst auf seine Rückkehr. Seit sie sich kannten, hatten sie zusammen in ihrer Höhle auf dem Weg zum Sonnentor gespielt, wo das gegenseitige Erzählen von Träumen und Visionen tiefe Seelenbande zwischen ihnen geschmiedet hatte. Während Wayu auf Cusi wartete und neugierig war, was er in der Zwischenzeit wohl in der Welt da unten lernen würde, so wusste sie doch, dass nur physische Distanz sie voneinander trennte und sie ihre intime Welt wieder teilen würden, sobald er zurück wäre. Es war ihr jedoch nicht klar, dass es noch Jahre dauern würde, bis sie Cusi wieder zu Gesicht bekommen würde.

Ein Monat war bereits seit Wayus Initiation verstrichen. Die Vorbereitungen zur großen Feier des Erweckens der Saat waren in höchstem Gange. Dies war einer der wenigen Augenblicke, in denen auch Leute von „draußen" in die Stadt der *Mamacona* kommen durften. Menschen kamen mit ihrem Saatgut von weit her, um es an diesem besonderen Feiertag in der Tempelstadt segnen zu lassen. Der große Inka selbst entsandte an diesem Tag den Hohepriester der Königsstadt Cuzco, um an den Feierlichkeiten im heiligen Heim der *Mamacona* teilzunehmen.

Zu diesem Zeitpunkt ging die Sonne knapp vor der Großen Kornkammer über einem besonderen Stein in der Nähe des Kalendersteins *Intihuanta* auf dem großen Zeremonialplatz auf. Im selben Augenblick schienen die Plejaden genau in die Fenster des Sonnentempels am Wasserfall. Aber auch dem Sonnenaufgang dieses Tages sprach man besondere Kraft zu, da er den Blick in die Zukunft ermöglichte. Jeder wusste, dass sich etwas Besonderes in dem Augenblick zutrug, wenn das Siebengestirn vor der Sonne aufging und seinen Segen auf die Saat schickte. War dies nicht auch der Moment, in dem Wiraccocha selbst zur Ältesten sprach und ihr den Pfad in die Zukunft zeigte?

Der achte Herrscher der Inkas war ein Prophet gewesen. Er hatte den Untergang des Inkareiches vorhergesehen, diese Prophezeiung jedoch weitgehend geheim gehalten. Doch auch der jetzige Inka und seine priesterlichen Berater machten sich Sorgen wegen dieser Prophezeiungen – und das mit gutem Grund. Wayu und die anderen *Mamacona* kannten die fürchterliche, geheimnisvolle Weissagung, dass sie und die lange Ahnenschaft der Inkas, das Blut der Kinder des Lichts, welches vom Anbeginn der Zeit herrührte, in Gefahr waren. Obwohl es schien, als gelangte nun ihre ganze Linie an ihr Ende, so wussten Wayu und die Älteste doch, dass dieser Schein trog.

Der Hohepriester des königlichen Hofes in Cuzco war unter großen Anstrengungen zur Tempelstadt der *Mamacona* gereist. Seine kleine Eskorte bestand aus den besten und treuesten Kriegern des Königs. Als sie vom Sonnentor herabkamen, konnten Wayu und die anderen *Mamacona* die Angst in ihren Augen lesen und erkannten erstaunt, dass sogar der Hohepriester selbst im kleinen Kistchen der begrenzten Wahrnehmung gefangen schien.

In dieser Nacht lauschte Wayu am Feuerplatz den Worten, die die Älteste mit dem Hohepriester flüsternd tauschte:

„Die Zeichen", so jener, „waren überall. Wir sahen Kometen am Himmel. Letzte Woche erschütterte ein Erdbeben den Hauptplatz des Königspalastes, und der Mond ist sogar heute noch von Feuerringen umgeben."

Wayu zog die Decke höher und hörte gespannt zu.

„Ich habe Berichte, nach denen eigenartige, bärtige, weiße Fremdlinge die Städte an der Küste überrennen", fuhr der Priester fort. „Wir können die Geschichte, die vor so langer Zeit in den Sternen gelesen wurde, nicht mehr leugnen."

Das Bauernvolk war am Rande der Panik, und auch am Königshof herrschte große Spannung. Das Reich der Inkas schien dem Abgrund nahe zu sein. Nur ein kraftvolles Zeichen Wiraccochas würde all dies wieder zur Ruhe bringen können. Der Priester beugte sich noch weiter zur Ältesten, sodass Wayu sich anstrengen musste, seine Worte zu hören.

„Wenn das Siebengestirn aufgeht und Wiraccocha zu dir spricht, so muss die Botschaft positiv sein", flüsterte er. „Der königliche Inka braucht unbedingt deine Unterstützung. Ich werde alles tun, was du von mir verlangst."

Wayu sah, wie das Gesicht der Ältesten sich verhärtete und ihr Körper sich versteifte. Obwohl Wayu noch wenig von Politik und den weltlichen Anliegen des königlichen Hofes verstand, so wusste sie, dass die Älteste immer nur die Wahrheit sprach. Schon in den wenigen Wochen mit dieser alten Frau hatte sie viel von ihr gelernt. Sie verstand viele der alten Lehren. Sie war bereits weit jenseits der Grenzen der linearen Zeit gereist. Sie wusste, dass sie nur aus Energie bestand, und Energie weder geschaffen noch zerstört werden konnte. Sie wusste, dass sie immer mit dem Licht des Schöpfers eins sein würde. Als ein Kind des Lichts war sie ein körperliches Abbild Wiraccochas hier auf Erden. Sie und die Älteste waren Dienerinnen dieses Lichts in diesem Raum und zu dieser Zeit.

Der Tag des Festes war angebrochen und der Hohepriester und seine Begleiter erschienen in ihren feinsten Gewändern, in die Gold- und Silberfäden und Juwelen der kostbarsten Steine eingewoben waren. Ihre großen Ohrringe, das königliche Zeichen der Inkas und ihrer Nächsten, glitzerten im matten Licht der Morgendämmerung. Der Hohepriester hielt die rot gefranste Quaste des Inkas. Wayu und die Älteste trugen lediglich ihre einfachen *Yoges*. Zusammen betrachteten sie den Morgenhimmel, als das Siebengestirn sich langsam am Himmel zeigte und so seinen Segen über die Menschen brachte.

Wayu sah mit den Augen der Ältesten und vernahm in ihrem Inneren die Stimme Wiraccochas. Sie wusste, dass die Saat durch die Winde des Wandels zerstreut werden würde. Die Zeit des Zerfalls war angebrochen, in der man sich nach innen wenden musste. Tief in der Erde würde die Saat während dieser langen, kalten Nacht schlafen, um dann von einer neuen Sonne wieder zum Leben erweckt zu werden. Die Pforten würden sich öffnen und die Kinder des Lichts wieder auf Erden wandeln.

Jahre vergingen, in denen gelegentliche Besucher beunruhigende Nachrichten von draußen brachten: Geschichten von Krieg und Zerstörung an den Grenzen des Reichs. Eines Tages sah Wayu einen großen, schlanken Mann mit selbstsicherem Schritt von der Sonnenpforte herabkommen und ihr Herz tat einen Sprung, als sie in ihm Cusi erkannte. Als sie beobachtete, wie er näher kam, und sie erkannte, wie schön er geworden war, fühlte sie große Sehnsucht tief in ihrem Bauch, ein völlig neues körperliches Gefühl, das sie verwirrte.

Cusi wurde von der Ältesten und dem stolzen *Pampa Mesayog* wieder in der Gemeinschaft willkommen geheißen, während er und Wayu sich schüchtern begrüßten. Beide waren von der starken Anziehung überrascht, die sie aufeinander ausübten, und wussten nicht so recht, wie sie nun als Erwachsene miteinander umgehen sollten. In den ersten Wochen sahen sie sich nur sehr selten, da Cusi seine Tage mit dem *Pampa Mesayog*, weit vom Tempel der Frauen verbrachte. In manchen Nächten gesellten sich Wayu und die Älteste zum Feuer der Männer auf dem *Intihuatana*, wo ein zurückhaltender Cusi in Einzelheiten den Verfall der äußeren Welt schilderte.

Wayu verließ den Tempel der Frauen und den Wohnbereich der Ältesten nur selten. Sie war noch immer verstört über die Gefühle, die Cusi in ihr ausgelöst hatte. Nichts und niemand hatte sie auf so etwas vorbereitet, nicht einmal die Geheimnisse der alten Pfade, die die Älteste ihr beigebracht hatte, oder die Nachtreisen in die Mitte des Lichts. Wenn sie an Versammlungen teilnahm, beobachtete sie Cusi aus der

Ferne und wandte schnell den Blick ab, wenn er sie ansah. Versuchte er Kontakt mit ihr aufzunehmen, so floh sie, da ihr innerer Aufruhr zu groß war. Obwohl die Älteste den Grund für Wayus Verstörtheit und Cusis Zurückhaltung sofort erfasst hatte, wartete sie, bis Wayu keine Ruhe mehr zu finden schien. Als Wayu einige Wochen nach der Heimkehr Cusis eines Abends vom Abendmahl in den Frauentempel zurückkam, warteten da neben der Ältesten auch Cusi und der *Pampa Mesayog* am Feuer auf sie, und die beiden alten Meister wandten sich offen an ihre Schüler:

"Euer Streben nach körperlicher Vereinigung ist verständlich", begann der *Mesayog*. "Ihr könnt euch frei für eure Zukunft entscheiden. Da ihr beide jedoch königlicher Abstammung seid und das Keuschheitsgelübde abgelegt habt, sollten wir diese Situation baldmöglichst klären.

Es gibt viele Wege, den Pfad des *Yanantins* (die harmonische Beziehung der Gegensätze) auch ohne die physische Vereinigung von Mann und Frau zu beschreiten. Das Meistern der männlichen und weiblichen Energien ist ein wichtiger Aspekt eurer Ausbildung. Ihr seid frei, euer Keuschheitsgelübde zurückzunehmen und eure Ausbildung abzubrechen. Wollt ihr aber in unserer Tempelstadt bleiben, so wird der nächste Schritt eurer Ausbildung eine dynamische Vereinigung dieser beiden Energien auf höherer Ebene sein, um dadurch zum Wohle der Gemeinschaft beizutragen."

Der *Mesayog* reichte Wayu und Cusi einen Proviantbeutel und sprach: "Geht zur Höhle der *Pachamama* und kehrt nicht wieder, ehe ihr euren Entschluss gefasst habt."

Verwirrt durch den plötzlichen und unerwarteten Befehl des *Pampa Mesayog* begaben sich Wayu und Cusi auf den mondbeschienenen Weg zur Höhle der Kosmischen Mutter. Unterwegs warf Wayu einen Blick auf den vom Mond gekrönten Gipfel ihres geliebten Putucusi. Sie fühlte, wie schwer und verwirrt ihre innere Energie war und versuchte, ihre inneren Pforten zum *Yoge* zu öffnen. Schon bald wurde ihr die Absurdität ihrer Situation klar und sie begann zu lachen. Cusi lachte mit und die Spannung zwischen ihnen löste sich. Binnen kurzem sprachen sie wieder als die guten Freunde zueinander, die sie schon immer gewesen waren. Beide wussten, dass sie ihre Ausbildung nicht beenden, sondern lieber lernen wollten, wie sie mit den neuen Energien arbeiten konnten, die da in ihnen auftauchten. Sie verbrachten einen angenehmen Abend zu zweit und sprachen über ihre Erfahrungen der letzten drei Jahre.

In der Folge entdeckte Wayu neue Wege, die Dualität zu integrieren. Als ihre inneren männlichen Energien sich entwickelten, gewann sie an Ausdruckskraft und Entscheidungsstärke. Fühlte sie sich verwirrt oder belastet von negativen Gefühlen, so untersuchte sie den inneren Aufruhr, bis alles geklärt war. Es gelang ihr zusehends, die beiden Pole in ein gesundes Gleichgewicht zu bringen. Nach dem Vorbild des androgynen Wiraccocha lernte Wayu, dass wahre Führungsqualitäten ein harmonisches Zusammenspiel der männlichen und weiblichen Energien voraussetzten. Auch Cusi fand im Herzen der *Pachamama* seinen eigenen Weg zum Heiligen.

Jahre und Jahrzehnte vergingen, und Wayu übernahm immer mehr Aufgaben der Ältesten. Als jene schließlich diese Welt verließ, küsste Wayu noch einmal ihren zerbrechlichen Körper. Alles hatte sie von ihr gelernt und sie waren eins geworden. Als das letzte Licht die Älteste verließ, begab sich Wayu noch einmal mit ihr auf die Reise durch die vertrauten Pforten. Sie sah, wie die Älteste selbst zu strahlendem Licht wurde und mit dem der Sterne verschmolz.

Nachdem die Älteste zu den Sternen gegangen war, übernahm Wayu ihre Rolle. Nun war es ihre Aufgabe, die traditionellen, heiligen Pfade aufrecht zu erhalten. Obwohl sich in der Welt draußen große Veränderungen vollzogen, blieb die hohe Tempelstadt unberührt, isolierte sich jedoch zunehmend. Es kamen keine Gesandten des königlichen Inkas mehr auf den Wegen des heiligen Flusses, die Bauern brachten die Saat nicht mehr für den jährlichen Segen und es wurden keine frühreifen Mädchen mehr in den Tempel geschickt, um dort zur *Mamacona* ausgebildet zu werden.

Die äußere Welt schien nicht mehr zu existieren. Die Bewohner des Machu Picchu pflanzten jedoch weiter Mais und Kartoffeln, beteten und fühlten den Segen der Großen Sonne wie immer. Wayu, Cusi und die *Mamacona* wurden zusammen im Dienste der *Pachamama* alt.

Wayu wusste, dass es eines Tages eine neue Inkarnation des Lichtes geben würde, wenn die sechste Sonne die tief im Menschen verborgenen Lichtkodes wieder erwecken würde. Um diesen Augenblick vorzubereiten, beobachteten Wayu und Cusi den Sternenhimmel, folgten den Schatten auf dem *Intihuatana*, lauschten dem Rhythmus der Großen Kornkammer und stellten ihre Berechnungen an.

Als das Chaos der physischen Welt sich auf das Reich des Heiligen ausdehnte, wurde Wayu und Cusi klar, dass die *Huacas*, die alten Pforten der Heiligen Stätten, nun auch in Gefahr waren. Sie mussten beschützt werden, damit sie in ferner Zeit wieder einmal ihre Geheimnisse offenbaren konnten. Dann würden die Kinder des Lichts wieder lernen, im Ganzen zu tanzen und die Höhere Ordnung begreifen. Feierlich und pflichtbewusst beschlossen Wayu und Cusi, diesen Zugang zu den verschiedenen Energiefeldern zu versiegeln und zu verstecken. In der Einheit mit ihren *Apus* wandelte Wayu auf den Lichtpfaden, um die Heilige Stätte durch Schutzenergien zu versiegeln und die uralten Zeichen zu verstecken, mit denen sie wieder zu öffnen seien. Sie wusste, dass das alte Wissen erhalten bleiben würde, da es von nun an nur denen zugänglich war, die über den Schlüssel zu diesen Pforten verfügten. Bevor Wayu diese Welt verließ, versiegelte sie auch den Eingang zur heiligen Tempelanlage. Der Machu Picchu sollte für Hunderte von Jahren verborgen bleiben. Seine Energiefelder und spirituellen Kräfte würden auf die nächste Inkarnation der Kinder des Lichts warten, die das Göttliche widerspiegeln und in absoluter Harmonie, in perfektem *Ayni* existieren würden. Wayu hatte gesehen, dass diese nächsten Kinder des Lichts wahre *Chakarunas*, hell erleuchtete Menschen sein würden, die der Menschheit das ganze Potenzial des göttlichen Lichts bringen würden.

❄ ❄ ❄

1911 entdeckte der Forscher Hiram Bingham die „ Verlorene Stadt der Inkas", Machu Picchu. Kurz davor war eine Straße entlang des

Urumbamba Flusses (dem Vilcanota) in der Nähe von Ollantaytambo gebaut worden. Eingeborene hatten ihm von Ruinen hoch in den Bergen berichtet, die er mit seinen Führern in einer längeren Expedition ausfindig machte, nachdem sie für Hunderte von Jahren von der Vegetation verborgen gewesen waren. Diese Tempelstadt war von den spanischen Eroberern nie entdeckt worden und noch intakt[1]. Jahre später wurde die Stätte der Öffentlichkeit zugänglich gemacht.

Man stellte fest, dass diese zauberhafte und außerordentlich schöne antike Tempelanlage früher ein wichtiges Zeremonialzentrum und Heim der Sonnenjungfrauen Mamacona *gewesen war. Forscher stießen bei Ausgrabungen hauptsächlich auf weibliche Skelette. In einem Grab in der Nähe eines Gebäudes, welches für das Haus der Hohepriesterin gehalten wird, wurden die Gebeine einer alten Frau gefunden.*

2. Kapitel

Samen göttlichen Bewusstseins

I n der Welt der *Mamacona* war der Mythos allgegenwärtig. Diese Dimension ist unserem zeitgenössischen Bewusstsein längst abhanden gekommen. Die *Mamacona* existierten in einer komplexen, mehrschichtigen Kosmologie, in der alles lebte und Quelle wichtiger Informationen sein konnte. Sie folgten dem alten Wissen, dass die ganze Welt beseelt war, in Gedanken und Taten. Sie lebten jenseits des so genannten Schleiers der Trennung, dieser Illusion der modernen Menschheit, nach der die mondäne, physische Welt die einzige Wirklichkeit darstellt.

Die Mythen und Legenden der *Mamacona*, die seit Urzeiten von einer Generation an die nächste weitergegeben wurden, offenbaren den direkten Bezug zwischen Menschen und Göttern. Wiraccocha war eine nach wie vor aktive Kraft der Schöpfung. Deshalb waren ihre Legenden mehr als nur Geschichten, sondern vielmehr der lebende Beweis des göttlichen Lichts, das sich im Stofflichen offenbarte. Sie selbst waren als Kinder des Lichts ein Bestandteil dieser göttlichen Ausdrucksform, waren die heilige, gottgeschaffene Saat.

Wiraccochas Vermächtnis – Die Kinder des Lichts

Die *Mamacona* hatten begriffen, wie wichtig es war, dass ihr Volk sich als Gottessaat verstand. Sie wussten, dass diese tief in die

Herzen der Kinder des Lichts gesät worden war und dass sie zugleich die letzten dieser Saat waren. Wenn zu Wayus Zeit auch schon viele Traditionen verloren gegangen waren, so blieb die Kraft der Ahnenschaft doch bestehen. Jeden Morgen, wenn die Älteste Wiraccocha anrief, öffnete sie Lichtbahnen, die die Höhere Welt mit der stofflichen verbanden. Sie erinnerte an das lebendige Ebenbild göttlichen Bewusstseins, welches im Menschen schlummert.

Nach der Andenmythologie war der Schöpfergott Wiraccocha selbst in menschlicher Gestalt in diese Welt gekommen. Obwohl es zahlreiche regionale Varianten dieses Schöpfungsmythos gibt, sind sich alle doch verblüffend ähnlich. Es heißt, dass Wiraccocha vor langer Zeit, als die Erde noch finster war, an einen Ort in der Nähe des Titicacasees kam. Hier, hoch in den Anden, nahe der heutigen Grenze zwischen Peru und Bolivien, rief der menschliche Gott Sonne, Mond und Sterne aus dem See und stellte sie an den Himmel. Dann schuf er die Andenvölker, jedes mit all ihren verschiedenen Sprachen und Bräuchen. Jeder Stamm erhielt eine heilige Statue mit göttlicher Kraft, die die Verbindung zwischen dem Menschlichen und dem Göttlichen herstellen konnte. Auf Quechua, der Sprache, die auch heute noch in den hohen Anden gesprochen wird, nannte man diese Statue *Waka*.

Dann wandte sich Wiraccocha an sein Volk und sagte den Menschen, sie sollten Gutes tun, anderen kein Leid zufügen, sondern sich gegenseitig helfen und lieben. Er erklärte ihnen, wie sie in Harmonie und Wohlstand leben konnten, zeigte ihnen, wie sie das heilige Getreide mittels Terrassen und Bewässerungseinrichtungen auf den Bergen gedeihen lassen konnten.

Die *Quipucamayocs*, die Historiker der Inkas, gingen davon aus, dass das Licht in Form des Gottmenschen Wiraccocha um 200 v.Chr. auf die Erde kam. Die Hochblüte der Tiahuanaco-Zivilisation der hohen Anden war um 600 n.Chr. In der Tat zeigt die moderne Geschichtsforschung, dass es in der Zeit um 200 v.Chr. große Umwälzungen in den Machtstrukturen der Anden gab, die zu einer komplexen Landwirtschaftsstruktur führten und die Bevölkerung zu einer einzigen, großen Gemeinschaft formten, deren verschiedenen Glieder voneinander abhingen.[2]

Viel wissen wir jedoch nicht von dieser Hochkultur, da uns keine schriftlichen Aufzeichnungen überliefert sind. Nur ein paar Ruinen gibt es noch, die lange vor der Ankunft der Archäologen von Schatzsuchern geplündert wurden. Doch weisen die dennoch in diversen Grabstätten ausfindig gemachten Gegenstände und Kunstwerke darauf hin, dass diese Hochkultur sich von der Küste Perus bis weit ins bolivianische Hochland ausdehnte, über eine komplexe Religion verfügte und sich friedlich durch Wissensübermittlung verbreitete. Man geht davon aus, dass viele Mythen und Bräuche der Inkas auf dieses Goldene Zeitalter von Tiahuanaco zurückgehen.

Etwa 20 Kilometer vom Titicacasee entfernt liegt jenseits der peruanischen Landesgrenze in Bolivien die Ruine eines der wohl beeindruckendsten antiken Bauwerke ganz Südamerikas. Es handelt sich um das Sonnentor, welches der Tiahuanaco-Kultur zugeschrieben wird, und in dessen Bogen das Abbild des androgynen Gottmenschen Wiraccocha eingemeißelt ist. Sonnenstrahlen umgeben sein Haupt und goldene Lichttränen fallen aus seinen Augen auf die Erde.

Zur Zeit Wayus, lange nachdem Wiraccocha diese Welt wieder verlassen hatte, wurde er von der Landbevölkerung ebenso wie von der Priesterschaft verehrt. Jedes Jahr versammelten sich die Gläubigen zum Fest der Rückkehr des Siebengestirns. Doch suchten sie den göttlichen Segen ebenfalls zu den Sonnenwenden und den Tagundnachtgleichen.

So feierten die Inkas zur Sommersonnenwende am 22. Dezember das wichtige Fest der Könige, das *Capac Rayni*, bei dem die Jungen eines bestimmten Alters in die Reihen der Männer aufgenommen wurden. Zu diesem Anlass stach man ihnen nach dem königlichen Brauch der Inkas große goldene Ohrringe. Doch war das *Capac Rayni* zugleich ein Fest des Erntedanks und des Segens der königlichen Abstammung, der göttlichen Saat, bei dem die Kosmologie in all ihrer Mehrschichtigkeit zum Ausdruck kam. Während die eigentliche Zeremonie in Cuzco — höher im heiligen Tal, in der Nähe der Stadt Ollantaytambo — abgehalten wurde, beleuchtete die Morgensonne der Sonnenwende das Haupt und Koronalchakra der massiven in den Felsen gehauenen Gestalt Wiraccochas und erweckte so symbolisch das göttliche Bewusstsein. Kurz darauf schien das Licht auf die Saat im Tempel des Siebengestirns.

Die meisten Rituale wurden bei Sonnenaufgang abgehalten, da die Inkas dem ersten Tageslicht große Kraft, besonderen Segen und das Wissen göttlicher Quellen zuschrieben. Die Riten hatten eine doppelte Funktion: Einerseits sollte das spirituelle Wohlergehen der Bevölkerung gesichert, andererseits Saatgut und Herden gestärkt werden.[3]

Sonnenwenden, Tagundnachtgleichen und die Rückkehr der Plejaden wurden nicht nur von den Inkas, sondern von vielen anderen Völkern der Welt mit absoluter Genauigkeit gefeiert. Es gab ebenso massive wie komplexe Kalender, die den Lauf der Sonne verfolgten und den Höhepunkt von Sommer und Winter genau festlegten. Alle heiligen Festtage hatten große Bedeutung für das Volk, das sich zu diesen Zeiten einen besonderen Segen erhoffte. Obwohl einige zeitgenössische Andenforscher meinen, diese Feiertage seien vor allem wichtig gewesen, weil sie der Landbevölkerung einen Anhaltspunkt zur Saat gaben, so ist es doch bekannt, dass ihnen auch ein großer spiritueller Sinngehalt zukam.

Die Bedeutung des Lichts als spirituelle Kraft wird auch in der Schöpfungsgeschichte der Inkas unterstrichen, wenn Wiraccocha seiner zweiten Weltenschöpfung das Licht schenkt. Da ruft er Sonne, Mond und Sterne aus dem Titicacasee und lässt sie in den Himmel steigen, um seinen Kindern das Licht zu spenden. Es handelt sich also um kein „gewöhnliches" Licht, sondern um das verstofflichte Licht göttlichen Bewusstseins. Für die Inkas offenbarte das physische Licht Schlüssel, die sich im Menschen selbst verbergen. Die göttliche Zeugung durch das Licht wird auch in der Schöpfungsgeschichte unterstrichen, wo es heißt, dass die Kinder der Sonne mit fruchtbarem, goldenen Licht überschüttet wurden, wenn sie am Morgen der Sonnenwende durch die heiligen Pforten zwischen den Welten schritten.[4] Erst dann wurden sie wirklich zu Inkas, zu „Erleuchteten".

Die Rolle des Siebengestirns

Die Sternengruppe der Plejaden spielte eine Schlüsselrolle in der Mythologie der Inkas und Mayas.[5] Die Plejaden werden auch „Siebengestirn" genannt, da mit dem bloßen Auge nur sieben der insgesamt 400

Sterne sichtbar sind. Umso überraschender ist es daher, dass sie bei den Mayas die „400 Jungen" genannt wurden.[6] Da diese Sterne jedoch nicht ohne technische Hilfsmittel sichtbar sind, wissen wir nicht, wie die Mayas die Anzahl dieser Sterne erahnen konnten.

Die Inkas richteten ihre Jahreszeiten nach den Plejaden. Manche Sternbilder sind nicht immer sichtbar, da ihr Lauf sich eine gewisse Zeit mit dem der Sonne deckt. Verlassen sie das Lichtfeld der Sonne, erscheinen sie wieder am Morgenhimmel. Dieser Augenblick wurde besonders für das Siebengestirn von den Inkas genau berechnet. Diese Rückkehr der Plejaden war nicht nur ein wichtiges Fest im Jahreslauf, sondern half auch, diesen genau festzulegen.[7] Zur Zeit der Inkas erschienen die Plejaden genau 30 Tage vor der Sonnenwende am Morgenhimmel, was diesen wichtigen Moment im Jahreslauf ankündigte, der nicht aus der bloßen Beobachtung des Sonnenlaufes ersichtlich wurde.

Das war auch der Grund, weshalb der Lauf des Siebengestirns Eingang in den Kalender der Inkas fand. In der antiken Stadt Cuzco wurde der große Sonnentempel von 42 *Seque*, unsichtbaren, konzentrischen Linien umgeben, von denen jede durch Schreine oder Statuen gekennzeichnet wurde, die man *Wakas* nannte. Diese *Wakas* bargen die Kraft der Ahnen und stellten die Verbindung der Menschen zu ihrem Sternenursprung her. Auf jedem *Seque* lagen zwischen 7 und 9 solcher *Wakas*. Insgesamt gab es 328, die nach spanischen Chroniken für jeden Tag des Jahres standen.[8] Warum gab es aber keine 365 Wakas? Die beiden Ethnoastronomen Tom Zuidema und Gary Urton meinen, die Differenz ginge auf die 37 Tage zurück, an denen die Plejaden im Breitengrad Cuzcos nicht sichtbar seien.

Die alten Astronomen der Inkas nannten das Siebengestirn *Collca*, die „Große Kornkammer", während sie im bolivianischen Quechua *Coto*, eine „Handvoll Saat" heißen.[9] So sahen auch die Mayas die Plejaden.

In verschleierten Worten weist die Esoterik auf die göttliche Herkunft der Menschen hin, deren Bewusstsein nach dem Glauben der Inkas vom Siebengestirn stammt. Man stellte sich vor, dass jedem Menschen eine Art Lichtkode innewohnte.[10] Dieser Lichtkode kann als göttliches Gedankengut verstanden werden, da er das Erwachen des Menschen zu einem höheren Bewusstseinsgrad ermöglicht.

Dies ist vergleichbar mit dem in der DNA einer jeden Pflanze versteckten Kode, welcher unter bestimmten Umständen wie Jahreszeit, Sonneneinstrahlung, Feuchtigkeit usw. aktiviert wird. Der Kode lässt den Samen keimen, wachsen, blühen, Frucht tragen und so denselben Zyklus fortsetzen. Wir können diese Lichtkodes also als spirituelle DNA verstehen, eine innere Kraft, die den Erleuchtungsprozess in Bewegung setzt und steuert. Der höchste Reifegrad der Gottessaat jedes Menschen ist die Göttlichkeit selbst, ein Beispiel des Christus-Bewusstseins.

Zahlreiche esoterische Quellen sehen den Ursprung der Saat der Erleuchtung in der Kornkammer der Plejaden. In antiken Kulturen rund um die Welt hießen sie daher auch „Saatbeet", „Wiege" oder „Thron der Schlüssel". Esoteriker wie J.J. Hurtak gehen davon aus, dass das göttliche Abbild, die Form des Lichts, welche dem menschlichen Körper ermöglichte, das göttliche Bewusstsein zu empfangen, in Zusammenhang mit den Plejaden steht.[11]

Diese Vorstellung eines vorstofflichen Lichtkleids ähnelt der der göttlichen Absicht, durch die das göttliche Bewusstsein in unsere materielle Wirklichkeit übermittelt werden konnte. Diese Wirklichkeit ist so dicht, dass wir sie mit unseren fünf Sinnen wahrnehmen können. Da Licht nicht leicht durch Materie hindurchdringt, bot die heilige Energie der Plejaden die nötige Struktur, damit feinstofflichere Energien in Form von Licht in die dreidimensionale Ebene des Stoffes dringen konnten. So hätten sie den subtilen Energien des Lichts des Bewusstseins geholfen, sich mit den dichteren Energien der Materie zu vereinen.

In vielen Schöpfungsmythen verschiedenster Kulturen wird auf einen Eingriff göttlicher Quellen außerhalb unseres Sonnensystems hingewiesen.[12] Neben den Plejaden wird in dieser Hinsicht auch das Sternbild des Orion erwähnt. Laut Hurtak stammten die reinen Lichtkörper, die mit dem heiligen Lichtkode der Plejaden programmiert worden seien, von Orion. Es heißt auch, Orion sei die Quelle aller Gnosis, der spirituellen Kraft des Göttlichen.[13]

Menschliche Lichtsaat

Neben esoterischen Spekulationen, wie denen Hurtaks, kam dem spirituellen Menschen – der Saat – auch in sumerischen und babylonischen Schöpfungsmythen, die vielleicht auch die hebräischen beeinflussten, die Aufgabe zu, eine neue Gattung hervorzubringen, die in der Lage sein sollte, das Licht des höheren Bewusstseins zu verbreiten.[14] Diese Gattung kennen wir als Adam Kadmon, die adamische Rasse. Nicht nur die Texte der Gnostiker unterstreichen, dass jene Gattung des Lichts nach dem Abbild der Elohim (Engel) sich stets weiterentwickelt. Auch Mythen der Mayas und der Hopi gehen von einem solchen Konzept einer evolutiven Schöpfung aus.[15]

In vielen Traditionen ist die Rede von androgynen gottähnlichen Wesen, die die Hebräer Elohim nennen. In der spirituellen Hierarchie gelten sie als mächtige Engel, die große Intelligenz und Schöpfungskraft verkörpern und zur Rechten Gottes sitzen. In einigen Quellen heißt es, die Elohim stünden in Verbindung mit dem Sternbild des Orion.[16]

Die sumerischen und babylonischen Schrifttafeln, die von einer der ältesten Zivilisationen dieser Erde stammen, sprechen von Fremden, die sie „Schlangen, Leuchtende oder Strahlende" nennen, und von denen es heißt, sie hätten große, glänzende Augen und helle Gesichter. Sie schreiben, diese Wesen hätten der sumerischen und babylonischen Kultur die Saat der Zivilisation gebracht.[17]

Der Schreiber Enoch spricht in späteren hebräischen Texten ebenfalls von „Lichtwesen", die vor etwa 10.000 Jahren im heutigen Libanon angekommen seien.[18] Doch werden die Schriften Enochs nicht mehr zum Alten Testament gezählt, sondern gehören, wie auch die „häretischen" Schriften der Gnostiker, zu den „geheimen" Apokryphen. Schließlich wurden diese übernatürlichen Wesen zu den hebräischen Engeln, den Seraphim, die dort als „brennende, fliegende Lichtschlangen" beschrieben werden.[19]

In dieser Hinsicht sind u.a. auch die Anmerkungen des Engelforschers Malcolm Godwin interessant: Demnach fände sich die Wortwurzel *El*, wie im Wort *Elohim* und zahlreichen Engelsnamen, in zahlreichen anderen Sprachen wieder. Im Sumerischen bedeutet *El* „Glanz,

Helle", im Babylonischen heißt *Ellu* „der Strahlende", während wir über das angelsächsische *Aelf*, „strahlendes Wesen", zu den deutschen *Elfen* gelangen.[20]

Der Vorstellung von leuchtenden Schöpfungswesen begegnen wir auch im tibetischen *Buch von Dzyan* wieder. Hier ist von „leuchtenden Wesen" die Rede, die „das Formlose formten", „schienen wie die Sonne" und „feuerspeiende göttliche Drachen des Schlangenwissens" waren.[21] In der Folge werden wir sehen, dass auch die Mythen Mittelamerikas und Perus vom Eingriff solcher leuchtenden Gottmenschen erzählen, die sie ebenfalls als Schlangen bezeichnen.

Die Beziehung zu den Elohim, die auch als Gottmenschen, Wesen aus dem All, alte Brüder und Weltenlehrer bezeichnet wurden, bestand also schon in der frühen Antike. Für sie war die Erde ein heiliger Garten, in dem die verschiedensten Samen gesät wurden. Die Menschen seien wie Gärtner für den Entwicklungsweg ihrer Saat verantwortlich und hätten deshalb öfter eingegriffen, um die Intelligenz und das spirituelle Bewusstsein zu steigern.

Heißt es in der Bibel, dass der Mensch nach dem „Abbild Gottes" geschaffen wurde[22], so dürfen wir nie außer Acht lassen, dass diese Schöpfung noch nicht abgeschlossen ist. Das Werk der Elohim, die „Spiritualisierung" der Menschheit, ist ein laufender Prozess. Sind wir jedoch nach dem Abbild Gottes oder der Elohim geschaffen, so verfügen wir ebenfalls über die Fähigkeit, Licht zu verkörpern und auszustrahlen.[23]

Die Saatbeete der Lemurier und Atlanter

Mythen zahlreicher Kulturen erzählen uns von untergegangenen Zivilisationen. Die Legenden um Lemurien und Atlantis sind auch heute noch ein Bestandteil kollektiver Erinnerung. Dabei ist es gar nicht so wichtig, ob sie nun wirklich existierten oder nicht, da ihre Idee ein bleibender Bestandteil menschlicher Erfahrung geworden ist und unsere Vision von Vergangenheit, Gegenwart und Zukunft geprägt hat.

Esoterische Lehren meinen, die erste Saat der Elohim liege mindestens 36.000 Jahre zurück.[24] Die erste oder Mutterwelt war dieser antiken Tradition als Lemurien oder „Mu" bekannt und soll ein großer Inselkontinent im südamerikanischen Pazifik gewesen sein.

Der Sage nach waren die Lemurier Lichtwesen, die in direktem Kontakt zu einer höheren Intelligenz standen. Sie sollen über eine kollektive Wahrnehmung verfügt haben, was heißen soll, dass sie nicht nur dieselben Gedanken teilten, sondern auch telepathisch veranlagt waren und Dinge in ihrer Ganzheit begriffen. Zu jener Zeit sei das menschliche Bewusstsein noch nicht ganz in die Dichte der physischen Wirklichkeit vorgedrungen, weshalb die Lemurier auch eher auf einer ätherischen statt körperlichen Ebene existiert haben sollen. Sie hatten den Garten Eden noch nicht verlassen.

Die peruanische Folklore ist voll von Lemuriern. Man nimmt sogar an, dass das antike Tiahuanaco auf den Ruinen einer wesentlich älteren Kultur errichtet worden ist, die sogar noch vor der Andenformation existierte. Der Sage nach stellt Tiahuanaco, das einst auf Meeresebene gelegen haben soll, die letzten Überreste des lemurischen Kontinents dar, welcher vor über 32.000 Jahren durch geologische Katastrophen untergegangen sein soll. Daraus würde folgen, dass hier die Saat der Lemurier geschlummert hatte, bis sie durch die Inkas an eben dieser Stelle zu neuem Leben erweckt wurde.

Eine weitere Saat soll aus der verlorenen Welt Atlantis stammen, welches einst von den Wogen des Ozeans überflutet worden sei. Manche glauben, Atlantis hätte im Bermuda Dreieck gelegen, während andere es eher im Mittelmeer vermuten und in dieser Hinsicht auch die griechische Insel Santorini erwähnen.[25] Die Atlanter sollen eine höchst entwickelte Menschenrasse gewesen sein, die über eine bisher nie dagewesene Zivilisation verfügte. Manche Thesen vermuten, dass Überlebende dieser Kultur nach dem Untergang ihres Kontinents in Ägypten, Mittelamerika, Indien und Tibet gelandet waren, wo sie neue Zivilisationen „gesät" hätten.

In allen zentralamerikanischen Völkern gibt es Sagen darüber, wie ihre Urvorfahren nach einer großen Flut in Schiffen aus einem Land im Osten gekommen seien. In dieser Hinsicht ist nicht nur die Theorie der Kontinentalspaltung weitgehend akzeptiert. Es gibt auch genügend wissenschaftliche Hinweise auf ein beträchtliches Ansteigen des Meeresspiegels zum Ende der letzten Eiszeit vor etwa 10.000 Jahren. So konnte der Geologe Cesare Emiliani durch zahlreiche Bohrungen im Golf von Mexiko belegen, dass die gesamte Yukatan Halbinsel vor etwa 12.000 Jahren unter Wasser stand und der Meeresspiegel 40 Meter höher lag.[26]

Es kann also keinerlei Zweifel daran bestehen, dass unsere Urahnen keineswegs von Katastrophen verschont blieben, die auch große Veränderungen für die gesamte Tier- und Pflanzenwelt mit sich brachten. Dennoch ist es keineswegs von der Hand zu weisen, dass es sich bei der großen Sintflut der süd- und zentralamerikanischen Schöpfungsgeschichten eher um ein psychologisches als um ein physisches Ereignis handelte.[27] Von einem mythologischen Standpunkt aus gesehen könnte eine Sintflut durchaus auch für eine Epoche stehen, in der das höhere Bewusstsein durch die Wogen des Unbewussten verdrängt oder altes Wissen zugunsten neuer Überzeugungen vernachlässigt wurde.[28]

Es ist unbestreitbar, dass sich in der frühen Menschheitsgeschichte ein psychisches oder physisches Ereignis zutrug, das im Gedächtnis der Menschheit schlummert. Vielleicht werden wir nie mit genauer Sicherheit sagen können, was sich damals wirklich zugetragen hat. Und obwohl Archäologen weiterhin nach Überresten von Lemurien und Atlantis suchen werden, ist es wahrscheinlich weniger bedeutsam, über ihre Existenz zu diskutieren als zu akzeptieren, dass sie einen festen Bestandteil menschlicher Mythologie darstellen und auch heute noch dem wichtigen Ziel dienen, unserem modernen Bewusstsein altes Wissen zugänglich zu machen.

„Gesäte" Kulturen in Mittelamerika und Peru

Allem Anschein nach entwickelten sich die Kulturen der Olmeken, Teotihuacan, Zapoteken, Mayas, Tiahuanaco und etwas später der Inkas praktisch zur selben Zeit. All diese hochentwickelten Zivilisationen betrachteten sich als Kinder des Lichts und wurden von einem göttlichen Priesterkönig regiert.

Obwohl die meisten Manuskripte dieser alten Kulturen Mittelamerikas von eifrigen spanischen Priestern als heidnische Irrlehren vernichtet wurden, haben einige wenige diesen Fanatismus überlebt.[29] Eines der wichtigsten davon ist wohl die Bibel der Mythologie der Mayas, das *Popol Vuh*. Aus anderen können wir fragmentarische Informationen über das antike Zentralamerika erfahren. So erzählen die *Bücher von Chilan Balam* vom Ursprung der ersten Einwohner Yukatans, den Chanes oder „Schlangenmenschen", welche mit ihrem Anführer Zamma im Jahre 219 n.Chr. auf Schiffen gelandet seien.

Zamma wird hier als Gottmensch beschrieben und „Schlange aus dem Osten" bezeichnet. Es heißt, er sei ein mächtiger Heiler gewesen, der wie Christus durch bloßes Handauflegen heilen und Tote wieder zum Leben erwecken konnte.[30] Viele Mythen und Geschichten Yukatans beziehen sich auf dieses „Schlangenvolk".[31] Die Schlangen oder *Nagas* schienen einer Art Mysterienschule anzugehören, deren Anführer Eingeweihte mit starker, spiritueller Kraft waren. Manche Esoteriker meinen, es handle sich bei den *Nagas* um Überlebende von Atlantis, die außerirdischen Ursprungs gewesen seien.[32] Sogar heute noch sehen bestimmte Stämme, wie z.B. die Tacuate aus Oaxaca, die der Nagualtradition verpflichtet sind, ihre Vorfahren in diesen legendären Schlangen.

In dieser Hinsicht ist es sicherlich sinnvoll, kurz auf einige der zahlreichen Bedeutungen des Schlangensymbols einzugehen. So kann es z.B. für die Kundalini, die Lebensenergie der Yoga-Tradition stehen, welche in unserem Becken liegt, bis sie erweckt wird und schlangenförmig durch das menschliche Chakrasystem nach oben steigt, um schließlich den Menschen zu erleuchten. Im Hinduismus und Buddhismus werden bestimmte Schlüsselpunkte des Körpers als Chakren bezeichnet, in denen sich bestimmte psychische Kräfte und Körperfunktionen überschneiden. Wenn man auch gut 88.000 solcher Chakren zählt, so spricht man meist von den sechs Hauptchakren, die entlang der Wirbelsäule liegen und in einem siebten Koronalchakra am Scheitel enden. Das erste Chakra liegt auf Höhe des Steißbeins und wird mit dem Geheimnis der göttlichen Zeugungskraft in Verbindung gebracht. Diese kosmische Energie, welche jedem Körper innewohnt, können wir uns auch als zusammengerollte Schlange vorstellen. Zahlreiche Yogatechniken sollen dem Menschen helfen, die einzelnen Chakren ins Gleichgewicht zu bringen, damit diese Energie wieder frei nach oben steigen kann.[33] Solche Praktiken sollen Teil zahlreicher Initiationsrituale in aller Welt gewesen sein.[34] In der sumerischen und hebräischen Tradition bedeutet das Wort für Schlange *Nahash* ursprünglich „Entdecker, Entzifferer".[35]

Wie wir später noch sehen werden, hatten die Eingeborenen Mittelamerikas zweifellos Zugang zu einem uralten, heiligen Wissen unbekannter Herkunft. Kleine Statuen und andere Darstellungen früher Priesterkönige wie sie in der Gegend um die antike Olmekensiedlung La Venta, an der Grenze zwischen den mexikanische Staaten Tabasco und Veracruz, gefunden wurden, zeigen große, bärtige Männer in langen Kleidern, welche semitische, phönizische, negroide oder chinesische Gesichtszüge aufweisen.[36] Sogar Quetzalcoatl, ein Toltekenhäuptling und Gottmensch der Azteken, der über Regen und den Morgenstern wachte, wurde manchmal als großer, bärtiger Mann dargestellt. Es ist allseits bekannt, dass die eingeborenen Indios, deren Vorfahren über die Beringstraße aus Asien gekommen sein sollen, weder groß noch bärtig waren und auch keine afrikanischen, europäischen oder orientalischen Gesichtszüge aufwiesen. Obwohl wir nicht wissen, woher diese Priesterkönige oder Gottmenschen kamen, so scheint es doch offensichtlich, dass sie den Pfad der großen Mysterien und Initiationen nach Zentralamerika brachten.

In der Ruinenstadt der Zapoteken Monte Alban in der Nähe des südmexikanischen Oaxaca befindet sich eine Sammlung antiker Stelen und Darstellungen von Figuren in den verschiedensten Haltungen. Durch die Inschriften in den Hieroglyphen der Mayas konnte belegt werden, dass diese Steinplatten auf spätestens 600 v.Chr. datiert werden. Außerdem wird aus ihnen deutlich, dass die Mayas über ein detailliertes Wissen des menschlichen Chakrensystems und des Erweckens der Kundalini hatten. Oft sind deshalb wohl auch verschiedene Zustände der Ekstase dargestellt, in denen die Menschen wie zwischen zwei Welten zu tanzen scheinen. Nach aller Wahrscheinlichkeit handelt es sich hier um Bilder bestimmter Initiationsriten.

Von einigen Entdeckern sind uns interessante Informationen über die antiken Traditionen und ihr heiliges Wissen überliefert. Der Franzose Augustus Le Plongeon war einer der ersten europäischen Abenteurer, der das Vertrauen der Maya genoss. Um 1870 verbrachten er und seine Frau Alice zwölf Jahre bei ihnen. In dieser Zeit teilten die Mayas den beiden auch Geheimwissen mit, für welches viele ihrer Vorfahren von den Spaniern verbrannt worden waren. So lernte Le Plongeon die Zauberwelt der Schamanen der Mayas kennen, die wie Carlos Castanedas Don Juan verschwanden und plötzlich wieder auftauchten und auch Dinge verzaubern konnten.[37] Solche außergewöhnlichen Fähigkeiten sind uns auch als *Siddhis* der großen indischen Yogis bekannt. Le Plongeon beschreibt die Zauberei der Schamanen der Mayas wie folgt:

„Manchmal schien der Platz, an dem sie [die Schamanen] arbeiteten, wie bei einem Erdbeben zu rütteln oder sich wie in einem Wirbelsturm um die eigene Achse zu drehen. Manchmal waren sie von hellem, glänzenden Licht umgeben. Flammen schienen aus den Wänden zu kommen, nur um kurz darauf wieder von unsichtbaren Händen zu einer Dunkelheit gelöscht zu werden, in der Blitze die Finsternis nur noch finsterer erscheinen ließen."[38]

Wer waren diese Schamanen? Obwohl es viele Theorien gibt, die in den Völkern Lateinamerikas die Nachfahren der Lemurier und Atlanter sehen wollen, so kann die Frage ihrer Herkunft nach wie vor nicht mit Sicherheit beantwortet werden. Trotz dieses begrenzten Wissensstandes verfügen wir über eine beträchtliche Anzahl von Informationen, die darauf hindeuten, dass die zentralamerikanischen Zivilisationen auf eine wesentlich ältere Saat zurückgehen.

So entdeckte der Bergbauingeneur William Niven zwischen 1910 und 1930 die Überreste zweier verschiedener prähistorischer Zivilisationen in der Nähe von Mexiko City. Die Erdschichten, in denen diese Ruinen gefunden wurden, lassen darauf schließen, dass sie mehr als 50.000 Jahre alt sind. Da es sich hierbei jedoch um den einzigen Beleg einer so alten Zivilisation handelte, wurde er von den akademischen Gelehrten völlig ignoriert. Die Verfechter der Atlantis-Theorie hingegen verbreiteten die neuen Informationen, um ihre Ansichten zu stützen.

Die bedeutendste von Nivens Entdeckungen sind wohl die 2 600 Steintafeln mit eigenartigen Zeichnungen , die in einem Dorf in der Nähe von Mexiko City entdeckt wurden. Auch sie wurden zwischen 12.000 und 50.000 Jahre alten Erdschichten gefunden. Auf einigen dieser Tafeln erkennen wir überraschenderweise bestimmte Freimaurersymbole wieder. Diese Zeichen deuten auf ein uraltes Wissen hin, welches zur Grundlage der großen Mysterienschulen gehört.[39]

Mag der Ursprung der mittelamerikanischen Völker auch unbekannt sein, so wissen wir doch, dass zahlreiche lateinamerikanische Zivilisationen in etwa zur selben Zeit entstanden und sich überraschend schnell zu Hochkulturen entwickelten, die nicht nur über ein stabiles Wirtschaftsgerüst, sondern auch über eine ausgeprägte Spiritualität verfügten. Es wurden riesige Pyramiden und Kultstätten errichtet, die auf fortgeschrittene Kenntnisse in Mathematik und Astronomie schließen lassen. Eigenartigerweise gingen diese Hochkulturen ebenso schnell – und im selben Zeitraum – unter, wie sie entstanden waren. Nicht nur in Teotihuacan, Palenque, Monte Alban, Tiahuanaco, nein in ganz Mittelamerika wurden die außergewöhnlichsten Pyramiden, Tempelanlagen und Kultstätten um das Jahr 650 n. Chr. verlassen, von ihren Erbauern zerstört und in manchen Fällen sogar begraben. Der Sage nach seien die Priesterkönige eines Tages wieder verschwunden und hätten die Reise über den großen kosmischen Fluss und die Brücke der Milchstraße ins Land der Götter angetreten.

Andere Versuche zur Erschaffung von Lichtwesen

Scheinbar ist die göttliche Saat jedoch keineswegs auf den lateinamerikanischen Raum begrenzt. Manche Forscher glauben z.B., dass die ägyptische Sphinx und die Cheops-Pyramide weit älter als 4.000 Jahre sind. Die Spekulationen, dass die zentralamerikanischen und ägyptischen Hochkulturen auf das alte Atlantis zurückgehen, sind hinlänglich bekannt. Bestimmte esoterische Quellen behaupten sogar, dass es sich bei den frühen Priesterkönigen tatsächlich um göttliche Wesen wie die Elohim handelte.[40]

Andere wieder glauben, dass vor etwa 6.000 Jahren eine neue Saat im Mittleren Osten durch die Elohim stattgefunden hätte. Nach langer Wanderung sei dieses Volk schließlich nach Ägypten gelangt, wo es als die Hebräer bekannt wurde.[41] Die Absicht dieser „Saat" sei gewesen, ein neues Volk des Lichts zu schaffen, welches größere Fähigkeiten zu universalem Denken aufwies und besser als die übrigen Menschen dazu in der Lage sei, bestimmte Schwingungsfrequenzen wahrzunehmen.

In dieser Hinsicht sollte auch darauf hingewiesen werden, dass Moses nicht nur als großer Eingeweihter galt, sondern auch aus der Stadt der Sonne Heliopolis gekommen sein soll. Der Name „Moses" oder „Muse" wurde nur großen Eingeweihten verliehen, da er „Gesandter" bedeutet. Die griechische Version übersetzt seinen Namen mit „Sonnensohn", was dem Titel des Großen Inka entspricht.[42] Moses trat am Ende des Zeitalters des Stiers auf und leitete das neue Zeitalter des Widders ein, indem er sein Volk ins „Gelobte Land", das „Innere Reich des Lichts" führte. In der Bibel heißt es deshalb auch: „Das Licht möge in der Finsternis scheinen: doch verstand die Finsternis das nicht."[43]

Diese Passage könnte darauf hindeuten, dass es sich hierbei um eine Initiation des Lichts und der Erleuchtung handelte. Das Ziel der Einweihung war, dem Initianten die Augen für die Schönheit zu öffnen und ihm die Erkenntnis der Wahrheit zu offenbaren.[44] Doch leider zerstörte bereits zur Zeit Mose, wie auch später noch im Laufe der Menschheitsgeschichte, die Dogmatik dieses Potenzial. Die „Saat" im auserwählten Volk verlor sich ebenso wie die Verbindung zum Göttlichen im Sand.

Vielleicht handelte es sich hier um den letzten Versuch der Elohim, den menschlichen Stammbaum durch einen direkten Eingriff zu beeinflussen, wenn sie später auch noch öfter versucht haben mögen, die Menschen auf anderen Wegen zu ihrer Aufgabe als Träger des Lichts zu bewegen. Vielleicht stammt jedoch auch die ganze Menschheit von einer „Ursaat" ab, die die Elohim nie vernachlässigt haben, sondern als Weltenlehrer zu formen suchten.

Die Großen Gärtner – Unsere Weltenlehrer

Die Elohim sollen der Erde zahlreiche Weltenlehrer durch die Äonen geschickt haben, um den Menschen zu helfen, ein höheres, spirituelles Bewusstsein zu erlangen. So heißt es auch, dass der große Wiraccocha nach der Sintflut gekommen sei, um den Andenvölkern nach einer langen Zeit der Finsternis, die nach dem Verfall der vorhergehenden Zivilisation eingesetzt hatte, das Licht zu bringen. So gesehen wären die Inkas die Nachfahren einer besonders frühen Lichtsaat gewesen.

Es ist wahrscheinlich, dass die Elohim die ganze Menschheitsgeschichte hindurch in menschlicher Gestalt auf die Erde kamen, um nach ihren Beeten zu schauen. Einer der größten Weltenlehrer, der der Menschheit noch lange vor Wiraccocha das Licht brachte, war Tehuti oder Thoth, den die Griechen später Hermes Trismegistus nannten.[45] Der Legende nach brachte Hermes den Menschen Kunst, Mathematik, Astronomie, Astrologie und Medizin.

Sein wichtigstes Geschenk jedoch war die Lehre des inneren Lichts und des Osiris. Hermes lehrte, dass das göttliche Licht in jedem Menschen wohne. Zu seiner Zeit begann das Gebet der alten Ägypter: „Ich bin das Licht." Über die wahre Natur des Lichts sagte er:

"... Auch wenn die Menschen es verkennen und vernachlässigen, so sind sie selbst Licht. Osiris ist das Licht. Er wurde aus dem Licht geboren. Er wohnt im Licht. Er ist das Licht. Das Licht steckt in allem, in jedem Stein und jedem Fels. Wird ein Mensch eins mit Osiris, dem Licht, dann wird er eins mit dem Ganzen, dessen Teil er einst war. Dann kann er das Licht in jedem erkennen, auch wenn es tief verborgen liegt. Alles andere ist nicht. Nur das Licht ist wirklich. Das Licht ist das Menschenleben. Mag es auch wunderbare Zeremonien, viele Pflichten und viele Wege geben, wie Priester ihren Mitmenschen helfen können, so steht dieses Licht ihnen dennoch näher als alles andere, da es in ihren Herzen weilt. Den Menschen liegt die Wirklichkeit

näher als jede Zeremonie. Doch müssen die Zeremonien deshalb nicht abgeschafft werden, denn ich bin nicht gekommen, um zu zerstören, sondern um zu erfüllen. Hat ein Mensch erkannt, so geht er über die Zeremonie hinaus direkt zum Licht, dem Licht Amon-Ra, aus dem wir alle stammen und in das wir alle zurückkehren werden."[46]

Dem Pharao gab Hermes folgenden Leitspruch: „Suche nach dem Licht!" Er lehrte ihn, dass nur ein König, in dessen Herz das Licht wohnte, gut herrschen könne. Dem Volk gab Hermes den Leitspruch: „Ihr seid das Licht! Lasst das Licht scheinen!" Sprach man von Verstorbenen, so sagte man deshalb: „Sie sind ins Licht gegangen." Den Priestern erteilte Hermes schließlich geheime Anleitungen, die ein fester Bestandteil der großen Mysterienschule wurden.

Auch zu den Tolteken und Zapoteken, die auf dieselbe alte, göttliche Saat zurückgingen, waren solche Gottmenschen gekommen. Quetzalcoatl und Pacal Votan sind zwei dieser außerordentlichen Gestalten, um die sich zahlreiche Mythen und Geschichten aus dem vorkolumbianischen Mexiko ranken. Obwohl wir nur sehr wenig von ihnen wissen, müssen ihre Lehren, angesichts der Auswirkung, die sie auf die Bevölkerung hatten, von großer Tragweite gewesen sein. Eine solche Geschichte der frühen Tolteken ist die des „Rauchigen Spiegels". Tezcatlipoca, der „Rauchige Spiegel", war einer der Aspekte Quetzalcoatls. Später stand Ersterer für die Welt der Finsternis, während Letzterer die Welt des Lichts verkörperte. Der zeitgenössische Nagual Don Miguel Ruiz erzählte mir diese Geschichte so:

„Eines Nachts hatte Rauchiger Spiegel einen Traum in einer Höhle tief unter der großen Pyramide der Sonne des Heiligtums, das uns heute als Teotihuacan bekannt ist. In diesem Traum reiste er durch die Große Pyramide nach oben in den Abendhimmel in die Welt der Sterne und wirbelnden Galaxien. Dort blickte er sich um und sah, dass die Sterne alle aus Licht bestanden. Dann blickte er auf

seine Hände und sah, dass auch sie aus Sternen bestanden, die ebenfalls aus Licht waren. Da erwachte Rauchiger Spiegel für immer aus dem Traum der Finsternis, dem Traum dieses Planeten. Er sah, dass wir nichts anderes als Licht sind. Er sah, dass alles aus Licht besteht und dass uns das Licht das Wissen über unsere eigene Existenz aus dem tiefsten Universum übermittelt. So erkannte Rauchiger Spiegel, dass wir alle Kinder des Lichts sind."

Quetzalcoatl, die legendäre gefiederte Schlange, soll um 1000 n. Chr. geboren worden sein und das von den Teotihuacanos Hunderte Jahre zuvor verlassene Teotihuacan, Chichen Itza, eine der bedeutendsten Kultstätten der Mayas auf der Yukatan Halbinsel, und allem voran die spirituelle Weltsicht der Bevölkerung wiederbelebt haben. Um das Jahr 650 n.Chr. waren nicht nur die großen Kultstätten, sondern auch die spirituelle Lebenskraft Mittelamerikas in den Hintergrund gerückt. Zur Zeit Quetzalcoatls waren die alten Lehren praktisch vergessen. Er brachte der zentralamerikanischen Bevölkerung den wohl letzten, großen spirituellen Impuls, bevor dieser von den Azteken und später den Spaniern überrannt wurde.

Der Philosoph Edmond Bordeaux Szekely geht davon aus, dass Quetzalcoatl als Katalysator des Lichts und als eine Kraft angesehen wurde, die die Saat keimen ließ und so ein reicheres Leben ermöglichte. Er war also eine Art mexikanischer Osiris. Szekely streicht überdies auch seine Funktion als Vereiniger der Pole heraus. Als geflügelte Schlange symbolisierte er den Weg zum Licht. Überwindet der Mensch die Schwerkraft, so wird er wie Quetzalcoatl zum Licht in physischer Form und so der stofflichen Beschränkungen enthoben.[47]

Forscher wie die mexikanische Archäologin Laurette Sejourne meinen, dass das legendäre Tula nicht nur das Heim Quetzalcoatls, sondern auch mit Teotihuacan identisch war. Sie nimmt an, dass die Kultstätte von Tula im Norden von Mexiko City von den Azteken später nur übernommen wurde.[48]

Das im Nordosten von Mexiko City gelegene Teotihuacan war von den Teotihuacanos, die den Olmeken vorausgegangen waren, erbaut worden. Diese enorme Tempelanlage ist sicher eine der aufsehener-regendsten ganz Zentralamerikas. Der Name selbst bedeutet „der Ort, an dem der Mensch Gott wird" und wird von den Pyramiden der Sonne und des Mondes überragt. Ursprünglich hatte die um diese Kultanlage gelegene Stadt einen Durchmesser von 20 Kilometern und war mit ihren 200.000 Einwohnern die größte Stadt der Welt.[49] Die meisten Forscher gehen davon aus, dass sie mindestens 100 Jahre vor Christi Geburt gegründet wurde. Obwohl wir heute nicht wissen, woher die Teotihuacanos stammten, besteht kein Zweifel daran, dass es sich hier um eine riesige Tempelanlage handelte. Der gesamte Zeremonialkomplex war als Initiationsanlage ausgerichtet, die das Volk der Kinder des Lichts mit ihren Ursprüngen in Einklang bringen sollte.

Der amerikanische Ingenieur Hugh Harleston Jr. zeigte auf, dass die Architektur der Anlage auf komplexen mathematischen, astronomischen und kosmischen Kenntnissen basiert.[50] Er fand heraus, dass die Sonnenpyramide die Funktion einer Uhr übernahm, deren Kontrollpunkte die beiden Sonnenwenden waren. Andere Forscher stellten fest, dass die Westfassade dieser Pyramide und alle großen Alleen der Tempelstadt auf den Untergang der Plejaden orientiert waren.[51] Wer auch immer diese Anlage errichten ließ, muss also über höchst fortgeschrittene astronomische Vermessungskenntnisse verfügt haben. Darüber hinaus stellte Harleston fest, dass die gesamte Kultstätte präzise Aufschlüsse über den Kreislauf aller bekannten Planeten lieferte.[52]

Noch erstaunlicher ist vielleicht Harlestons Beweis, dass die Erbauer neben höchst komplexen mathematischen Funktionen sogar die Lichtgeschwindigkeit kannten. Er kommt zu dem Schluss, dass die Anlage der Tempelstadt derart kompliziert und genau ist, dass sie eigentlich nur von einem enorm leistungsstarken Computer entworfen worden sein kann.[53] Wie soll man jedoch in der Antike über diese Kenntnisse verfügt haben?

Peter Thompkins meint in seinem Werk *The Mysteries of the Mexican Pyramids*, dass die Erbauer von Teotihuacan sich in einem erhöhten Bewusstseinszustand befunden haben müssen, um direkten Zugang zur kosmischen Mathematik zu haben, die sie dann in unsere dreidimensionale Welt übertrugen.[54] Außerdem glaubt er, dass die Pyramiden späteren Nachfahren zeigen sollten, wie sie ihr Bewusstsein erweitern konnten, um ein klareres Bild vom Kosmos und der Beziehung des Menschen zum Ganzen zu bekommen.[55] Es scheint also keineswegs widersinnig, Teotihuacan als eine große kosmische Kopie zu verstehen, die als Initiationszentrum für die Kinder des Lichts aller Generationen gedacht war. Die gesamte Anlage lässt auf esoterische Kenntnisse schließen, die der Menschheit längst verloren gingen. Die letzten Hüter dieses Wissens waren wohl die Tolteken, die unter der Führung Quetzalcoatls den spätesten, spirituellen Wiederbelebungsversuch Mittelamerikas leisteten, bevor auch ihre Weltsicht in Vergessenheit geriet.

Im Osten kamen andere große Lehrer des Lichts nach Indien und Tibet, um die Geschichte des Lichts zu erzählen. Dazu gehören Krishna, die achte Inkarnation des hinduistischen Gottes Vishnu, der mit der Sonne in Verbindung gebracht wird, und Buddha, der vor 2.600 Jahren den Weg zur Erleuchtung lehrte. In seinen verschiedenen Wiedergeburten wird er daher auch als der „Erleuchtete", der „Erleuchter" oder das „Unendliche Licht" bezeichnet.

Vor 2.000 Jahren versuchte Jesus, eine weitere menschliche Gottessaat aus dem Volk der Hebräer, der Menschheit den Weg des Lichts zu zeigen.

> *„Ich bin das Licht der Welt. Wer mir nachfolgt,*
> *wird nicht im Finstern gehen,*
> *sondern das Licht des Lebens haben."*
> **Johannes 8,12**

> *„Wer an mich glaubt, der glaubt nicht an mich,*
> *sondern an den, der mich gesandt hat,*
> *und wer mich sieht, sieht den, der mich gesandt hat.*
> *Ich bin als Licht in die Welt gekommen, damit jeder,*
> *der an mich glaubt, nicht in der Finsternis bleibe."*
> **Johannes 12,46**

„Denn ihr wart ehedem in Finsternis,
nun aber seid ihr Licht im Herrn;
wandelt als Kinder des Lichts. "
Paulus an die Epheser 5,8

600 Jahre später kam ein weiterer Lehrer des Lichts, um den Garten zu bestellen. Für den Islam ist Mohammed ein Spiegel des Göttlichen:

Gott ist das Licht
des Himmels und der Erde.
Hier die Parabel Seines Lichts:
In einer Nische steht eine Lampe.
Die Lampe ist aus Glas.
Das Glas ist wie ein leuchtender Stern,
der von einem gesegneten Baum erleuchtet wird;
einem Olivenbaum,
der weder aus dem Osten
noch aus dem Westen stammt.
Sein Öl leuchtet,
obwohl vom Feuer kaum berührt.
Licht auf Licht!
Gott führt,
wen er will
zum Licht.[56]

Diese großen Weltenlehrer waren, wie all ihre Vorgänger in anderen Traditionen und Kulturen, große Elohim, die in menschlicher Form auf die Erde kamen, um allen Menschen ein Beispiel zu sein und die „Saat" auf die Erleuchtung vorzubereiten.

Heute steht die Menschheit nun auf der Schwelle zu einem neuen, kollektiven Erwachen. Die kosmischen Zyklen der Zeit zeigen, dass ein entscheidender Wendepunkt in der Spirale der Entwicklung menschlichen Bewusstseins bevorsteht und das Licht, das einst in die stoffliche Welt gelangte, wieder seinem Ursprung entgegenstrebt. Die

Weltenlehrer haben uns den Weg des höheren Bewusstseins gewiesen. Nun liegt es an den Kindern des Lichts, dieses Licht in sich selbst zu finden. Dies ist der Schlüssel zu allen großen Mysterien.

Wir sind und waren immer schon Gottessaat, die am Drama der Entwicklung teilnimmt, welches uns schließlich zur Göttlichkeit führen wird. Es ist also keineswegs ein Zufall, dass die Lehren der Mysterienschulen nie verloren gingen. Die Zeit ist angebrochen, in der jeder Mensch die tief in ihm verborgenen Kodes des Lichts entschlüsseln muss, um sich seiner Rolle im Universum bewusst zu werden.

3. Kapitel

Saatbeete der Mayas und Inkas

Wir wissen bis heute nicht, woher die alten Völker Latein-amerikas stammen und wer sie wirklich waren. Nur we-nige Reste ihrer Kulturen, von den Megalithen über Tonscherben bis hin zu Schriftzeichen auf Steinplatten, sind heute mit Sicherheit ent-schlüsselt. Es gibt also keine zusammenhängende Kulturgeschichte die-ses Kontinents und die Legenden wurden von Missionaren verfälscht. Trotzdem kommt keine auch noch so oberflächliche Studie umhin, das Außergewöhnliche an den Zivilisationen der Olmeken, Zapoteken, Teo-tihuacanos, Mayas, Tiahuanacos und Inkas festzustellen. Sie selbst wuss-ten ganz zweifellos, woher sie kamen und warum sie da waren.

Unsere Sicht dieser Kulturen ist zwangsläufig subjektiv, da alle Aufzeichnungen und Interpretationen ihrer Weltsicht entweder begrenzt oder von unserem eigenen kulturellen Hintergrund verfälscht sind. Wir wollen dennoch versuchen, uns ihrer Weltsicht zu nähern, um zu ver-stehen, was beim Untergang dieser Zivilisationen verloren ging.

Die Weltzeitalter der Antike

Die Hochkulturen Zentralamerikas und Perus waren schon vor dem Beginn der Geschichtsschreibung verblüht. Es waren gedeihende Beete des Bewusstseins gewesen, die die Elohim, die großen Gott-menschen der mythologischen Vergangenheit da pflegten.

Dies soll nicht heißen, dass diese Kulturen keine Probleme kannten. Unrecht und soziale Ungleichheit wird es auch hier gegeben haben. Bestimmte Bräuche – zu denen auch Menschenopfer zählten – sind uns nur schwer verständlich und mögen manchem barbarisch scheinen. Aber auch wenn wir diese Kulturen nie ganz verstehen werden, so ist uns doch klar, dass sie über etwas verfügten, was uns heute fehlt.

So war den Inkas, Mayas und Azteken die Vorstellung der Weltzeitalter überaus wichtig. Diesen Umstand müssen wir berücksichtigen, wenn wir ihre Weltsicht verstehen und die Symbolik ihrer Mythen entschlüsseln wollen.

Die erste schriftliche Aufzeichnung zur Idee der Zeitalter stammt von Felipe Guaman Poma de Ayala. Dieser in Peru lebende Adelige bat König Philipp II. von Spanien in einem Brief, den Eingeborenen Perus gegenüber eine mildere Haltung einzunehmen und nicht mehr so barbarisch von seinen Landsleuten behandeln zu lassen, da es sich in Wirklichkeit um Menschen handelte, die mit Sicherheit bereits seit einiger Zeit sehr zivilisiert seien. Den König scheint dieses Schreiben jedoch zu keiner veränderten Politik bewegt zu haben.[57]

In diesem Brief beschreibt Poma de Ayala das Konzept der Fünf Zeitalter. Demnach hätten die Menschen im ersten Zeitalter in Höhlen gelebt, mit wilden Tieren ums Überleben gekämpft und seien „wie Nomaden verloren in einem unbekannten Land umhergeirrt". Im zweiten Zeitalter hätten sie in runden, einfachen Hütten und Siedlungen gelebt und die „jungfräuliche Erde" bearbeitet. Im dritten, dem Goldenen Zeitalter wohnten sie wie schon zuvor in Häusern, hatten Heiratsbräuche, eine komplexe Landwirtschaftsstruktur, eine gemeinsame Tradition heiliger Quellen und Höhlen und lebten – vor allem – friedlich und harmonisch miteinander. Bis zum Anbruch des vierten Zeitalters der Krieger, einer Zeit bewaffneter Auseinandersetzungen, habe es keine wesentlichen Konflikte bei ihnen gegeben. Das fünfte Zeitalter sei schließlich das des großen Inkareiches gewesen, wie die Spanier es bei ihren Eroberungszügen aufgefunden hatten. Interessanterweise wird auch in diesem Bericht das Wort Zeitalter ziemlich willkürlich durch „Sonne" ersetzt, wonach die Inkas in der fünften Sonne herrschten.

Wir neigen heute dazu, die Wirklichkeit als unveränderlich an-
zusehen. Die Welt der alten lateinamerikanischen Kulturen war hingegen dynamisch. Den Anbruch einer neuen Ordnung und Weltsicht setzten sie mit einer neuen Sonne gleich, die neue Lebenskraft und schließlich auch eine neue kulturelle Wirklichkeit mit sich brachte. Es ist durchaus möglich, dass bestimmte Zeitalter durch Naturkatastrophen zu Ende
gingen und eine neue Sonne aus dem Chaos aufging. Es kann jedoch
ebenso gut sein, dass die Katastrophe eher psychologischer Natur war
und dem Trauma eines großen kulturellen Umbruchs entspricht. In beiden Fällen beseitigten die Fluten des Wandels praktisch alle Spuren
früherer Zeitalter. Der spanische Priester und Chronist Martin de Mu-
rea schrieb ebenfalls von den fünf Sonnen der Inkas:

> *„Seit der Schöpfung der Welt bis zum heutigen Tag*
> *sind fünf Sonnen vergangen, wenn wir die, die heute auf*
> *uns scheint, mitzählen. Die erste ging im Wasser verloren,*
> *die zweite durch den Himmel, der auf die Erde fiel, die*
> *dritte Sonne, sagen sie, fiel dem Feuer zum Opfer, die vier-*
> *te der Luft. Am öftesten sprechen sie jedoch natürlich von*
> *der aktuellen fünften Sonne, die sie im Curicancha Tem-*
> *pel [Sonnentempel der Inkas in Cuzco] symbolisch dar-*
> *gestellt haben und die nach ihren* Quipus *[Knotenstricke*
> *zur Zeitrechnung] bis 1554 dauern wird.* " [58]

Das Konzept der Wirklichkeit von Raum und Zeit

Um die Idee der Zeitalter aus der Perspektive der Inkas begreifen
zu können, ist es notwendig zu verstehen, wie ihre Vorfahren die physische Realität sahen. Ihr Wirklichkeitskonzept war mehrschichtig. Sprachen die Inkas von der dreidimensionalen Realität, die wir mit unseren
fünf Sinnen wahrnehmen können, so sagten sie „diese Wirklichkeit". Sie
gingen also von anderen Wirklichkeiten aus, die außerhalb unserer linearen Zeit existieren, da sie bereits erkannt hatten, dass die Vorstellungen von Raum und Zeit von der Perspektive abhängen. Lange nachdem

das Inkareich untergegangen war, lieferte Albert Einstein den mathematischen Beweis, dass Raum und Zeit tatsächlich relativ sind. Obwohl wir den Begriff des Raum-Zeit-Gefüges in erster Linie mit Einstein in Verbindung bringen, war diese Vorstellung bereits den Inkas bekannt.

Die lateinamerikanischen Hochkulturen, die zu einer derart abstrakten Wahrnehmung fähig waren, waren auch imstande, in einer mehrdimensionalen Welt zu verkehren. Diese Fertigkeit eigneten sie sich in hartem Training und durch spirituelle Initiationen an. Auch wenn uns eine solche Gabe mehrschichtiger Wahrnehmung nur schwer nachvollziehbar sein mag, so können wir doch davon ausgehen, dass diese Fähigkeit nie ganz verloren ging, da sie in den verschiedensten schamanistischen und mystischen Traditionen überliefert wurde. Zudem verfügen wir alle über diese Anlage, auch wenn wir uns ihrer nicht bedienen.

Die Inkas glaubten, dass jedes neue Weltzeitalter eine neue Wahrnehmung von Raum, Zeit und linearer Wirklichkeit mit sich bringe. Deshalb hieß es auch, dass es dem großen Pachacuti Inka, dem neunten Herrscher der Inkas gelungen war, Raum und Zeit zu überwinden. Er hatte nicht nur das große Reich der Inkas gegründet, sondern auch die neue Weltsicht der fünften Sonne, des fünften Weltzeitalters eröffnet.

Vielleicht ging die weltweite Sonnenverehrung auch auf den Umstand zurück, dass man in vielen Kulturen davon ausging, dass die Sonne die Höhere Erkenntnis brachte. Die lateinamerikanische Darstellung eines neuen Zeitalters durch eine neue Sonne scheint diese Annahme überdies zu stützen. Das Licht einer neuen Sonne brachte neue Möglichkeiten und neues Wissen mit sich.

In den Kulturen der Mayas und Azteken gab es ein ähnliches Konzept der Zeitalter. So wird aus dem berühmten Steinkalender der Azteken ersichtlich, dass sie davon ausgingen, dass ihre Kultur den Höhepunkt der fünften Sonne darstellte. Die vier vorausgehenden Zeitalter sind hier kreisförmig um den Sonnengott Tonatiuh angelegt, worin sich der Kalender mit den Handschriften der *Leyenda de los Soles*, dem *Chimalpopoc Kodex* und den *Cuauhtitlan Annalen* deckt. In jedem Fall rechneten die Azteken in Zeiteinheiten von 52 Jahren.

Die Zeitgrenze der Mayas

Die Welt der Mayas umfasste früher einen beträchtlichen Teil Zentralamerikas. Ihr Einflussbereich erstreckte sich über das heutige Westhonduras, El Salvador, Guatemala, Belize und das südliche Mexiko. Auch die Mayas glaubten an verschiedene Schöpfungen, von denen sich jede durch eine neue Sonne auszeichnete. Doch gab es für sie nur vier Zeitalter. Nach dem Kalender der Mayas begann das aktuelle Zeitalter zwischen dem 6. und 13. August 3113 v.Chr. und endet am 21. Dezember 2012.

In seinem Buch *The Mayan Factor* liefert der visionäre Geschichtsforscher José Argüelles hilfreiche Eckdaten für den Beginn des aktuellen Kalenders der Maya.[59] Um das Jahr 3113 v. Chr. entstanden Stonehenge und die Cheopspyramide. In dieser Zeit begann man in Nordamerika auch Mais anzubauen.

Die Mayas waren eine relativ späte Kultur in Mittelamerika. Die erste Hochkultur dieser Region war die der Olmeken gewesen, die bereits 2000 v. Chr., vielleicht sogar schon früher am Golf von Mexiko lebten. Auch wenn niemand heute weiß, woher sie kamen und was aus ihnen geworden ist, so hinterließen sie riesige Steinköpfe, die große, bärtige Gottesmänner darstellen, die keinerlei Züge der heutigen Indios aufweisen. Viele ihrer Ruinen sind bis heute nicht ausgegraben. Während der Blüte der Mayas in Zentralamerika setzte sich die vedische Kultur in Indien durch, führte Moses sein Volk aus Ägypten und erblickte die Chavin-Kultur in den Anden das Licht der Welt.

Um 600 v. Chr. gründeten die Zapoteken die beeindruckende Tempelanlage Monte Alban im heutigen mexikanischen Staat Oaxaca. Aus dieser Kultur sind uns eigenartige Tänzerskulpturen erhalten. Sie weisen Schriftzeichen aus dem Maya-Kalender auf, die sie auf 600 v. Chr. datieren. Während in dieser Zeit die steilen Pyramiden der Mayas in den flacheren Gegenden entstanden, setzten sich im Fernen Osten die Lehren Buddhas, Lao-Tses, Konfuzius' und der Upanishaden durch. Auch die westliche Kultur blühte mit den Philosophen Sokrates, Aristoteles und Plato.

Um das Jahr 200 v. Chr. begannen die Teotihuacanos im Norden Monte Albans mit dem Bau der größten Tempelanlage Mittelamerikas. Auf den Hochebenen der Anden übernahm eine neue Zivilisation die Herrschaft, die nicht nur die Landwirtschaft revolutionierte, sondern auch eine göttlich inspirierte Weltsicht verkörperte. Bei den Mayas entstanden monumentale Bau- und Kunstwerke. Als Teotihuacan um das Jahr 300 n. Chr. vollendet war, verbreiteten die Gnostiker die Lehre Christi, Tiahuanaco blühte und eigenartige Linien erschienen auf den Nazca-Feldern. Der Einfluss Teotihuacans begann sich nach Süden auszubreiten und die klassische Periode der Mayas hatte ihren Höhepunkt erreicht.

Neue Einsichten zur Maya-Klassik

Diese klassische Periode der Mayas dauerte bis etwa 830 n. Chr. und hinterließ beeindruckende architektonische und künstlerische Zeugnisse wie Tikal, Copan und Palenque. Am Ende dieser klassischen Periode jedoch wurden auch diese Stätten verlassen und zerstört. Im Norden waren nun auch die Teotihuacanos verschwunden, wie die Olmeken lange vor ihnen. Im Süden war die große Zivilisation der hohen Anden Perus untergegangen und Tiahuanaco war verlassen.

Etwa 1000 n. Chr. tauchte die Kultur der Tolteken in der Nähe des heutigen Mexiko City auf. Die Tolteken nahmen Teotihuacan für sich in Anspruch. 947 n. Chr. kam der legendäre Quetzalcoatl zur Welt, der im Süden den Namen Kukukan trug. Zur selben Zeit bemächtigten sich kriegerische Stämme der peruanischen Anden. Im Nahen und Mittleren Osten wüteten die Kreuzzüge. In Europa begann eine dunkle Zeit.

Argüelles Buch *The Mayan Factor* löste eine recht konstruktive Diskussion aus, die 1987 zu einem Treffen führte, welches maßgeblich zum Verständnis des neuen Zeitalters beitrug, in das wir gerade eintreten. Der aktuelle Zyklus von 3113 vor bis 2012 n. Chr. zählt 5.125 Sonnenjahre, was 5.200 Jahren von jeweils 360 Tagen entspricht. Die Mayas richteten ihr Kalendersystem, wie später auch die Azteken, nach einem Zyklus von 52 Jahren. Das Zeitalter von 5.200 Jahren kann in 260 *Katun* von jeweils 20 *Tun* oder in 13 *Baktun* unterteilt werden, wobei ein *Baktun* 400 *Tun* zählt. Nach dem Kalender der Maya zählt das aktuelle Zeitalter 20 *Baktuns* von je ungefähr 394 Sonnenjahren.

Einige dieser *Baktuns* sind von besonderem Interesse. So hieß das Ur-Baktun 0 zwischen 3113 und 2718 v.Chr. auch *Baktun der Sternenpflanzung*. Argüelles meint, dass in dieser Zeit das Licht des Bewusstseins von anderen Sternen auf unseren Planeten übermittelt wurde. Das dem jetzigen vorausgehende Baktun 11 zwischen 1224 und 1618 wurde das *Baktun der verborgenen Saat* genannt. In dieser Zeit gingen die Reiche der Inkas und Azteken unter, der Rationalismus Descartes' setzte sich durch, wodurch die gotteszentrierte Weltsicht dem Bild eines Kosmos Platz machte, in dem man alle physikalischen und biologischen Phänomene für erklärbar hielt. Der Verstand versuchte sich über die Materie zu erheben und die Mechanik ersetzte das Heilige. Und die menschliche Saat fiel tief in den Abgrund der Materie. Das heutige Baktun 12, das *Baktun der Umwandlung der Materie*, geht am 21. Dezember 2012 mit dem Kalender der Mayas zu Ende.

Während wir nur sehr wenig von der klassischen Periode der Mayas wissen, verfügen wir über eine große Anzahl von Dokumenten der Postklassik. Alle vorkolumbianischen Manuskripte stammen aus dieser Epoche (1250-1541). Hinzu kommen die von spanischen und eingeborenen Gelehrten verfassten Arbeiten, zu denen auch das bekannte *Popol Vuh* gehört, das als das älteste mythologische Dokument der Neuen Welt angesehen wird. Im 16. Jahrhundert fasste ein Quiché Maya hierin mündlich überlieferte Mythen aus älteren Quellen zusammen.

Seit geraumer Zeit gelang es einer neuen Generation von Archäologen und Ethnographen, uns einen tieferen Einblick ins Weltbild der Mayas zu gewähren, indem sie mit einigen schwerwiegenden kulturellen Vorurteilen aufräumten. So gewannen wir auch ein etwas besseres Verständnis der Maya-Klassik, die als der Höhepunkt dieser Zivilisation angesehen wird. Hierzu trug auch das bahnbrechende Werk *Maya Cosmos* von David Freidel, Linda Schele und Joy Parker bei.

Die Arbeit des Autorenkollektivs achtet das schamanistisch orientierte Weltbild der Mayas, das oft vernachlässigt wurde, da es nicht unserem westlichen Denken entspricht. So kamen sie dem Geheimnis durch die Analyse aktueller Riten ein bedeutendes Stück näher. Sie gewannen jedoch auch durch die klassische Kunst und Architektur Zugang zur Kosmologie. Beide lieferten nämlich wertvolle symbolische Hinweise zum Schöpfungsmythos der Mayas und stellten regelrechte Sternenkarten dar. Sie ermittelten, wie ihre Kultstätten geplant waren und als Zugang zu spiritueller Kraft dienten. All diese Studien zeigen uns, wer dieses Volk war, woher es zu kommen glaubte und was seine spirituelle Existenzgrundlage war.

Freidel und seine Kollegen untersuchten die Ruinen und Mythen der Mayas mit Hilfe der modernen Archäoastronomie und gelangten dabei zu erstaunlichen Ergebnissen. Es gelang ihnen, die kosmische Symbolik vieler alter Mythen und Legenden zu entschlüsseln, indem sie den Sternenlauf besonderer Daten rekonstruierten. So erfahren wir nicht nur mehr über die Entstehungszeit bestimmter Mythen, sondern verfügen zugleich über einen wertvollen Schlüssel zur Sprache der Mythen. Die Beobachtung von Tagundnachtgleichen und Sonnenwenden erklärte die Bedeutung und die Anlage bestimmter Kultstätten. Als die Forschergruppe den Sternenhimmel studierte, wie er sich zur Zeit der Mayas präsentierte, stießen sie auf einige verblüffende Ergebnisse. Doch werfen wir zunächst einen Blick auf die mythologische Seite.

✳ ✳ ✳

Obwohl uns der Name der Muttergöttin der klassischen Mayas nicht bekannt ist, nennen sie Freidel und seine Kollegen die Erste Mutter, während sie ihren Gatten als Ersten Vater oder Maisgott bezeichnen. Dabei handelt es sich um den Gott, der den Kosmos des neuen Zeitalters am 13. August 3113 v. Chr. geschaffen hat. Dieses Datum entspricht dem 20. September 3113 v. Chr., also der Tagundnachtgleiche des julianischen Kalenders.

Wir verfügen zwar über kein Dokument der klassischen Schöpfungsgeschichte, doch ist sie in ihren Bauwerken verschlüsselt. Die wichtigsten Hinweise lieferten in dieser Hinsicht eine Reihe von Stelen, die im guatemaltekischen Quirigua entdeckt wurden.

Doch wird die Genese der Mayas auch im postklassischen *Popol Vuh* erzählt. Hier war der Erste Vater der Schöpfer, der den „Himmelsbaum" errichtete, der für den *Wakan-Chan*, die Milchstraße, steht. Vor dieser Zeit lag dieser Himmel flach und es gab kein Licht. Der Erste Vater wurde in der Unterwelt *Xibalba* von den Herren der Finsternis getötet. Seine Zwillingssöhne besiegten sie jedoch und erweckten ihren Vater wieder zum Leben. Verschiedene Kunstwerke der klassischen Epoche stellen diesen Schöpfungsmythos dar und zeigen den wiedergeborenen Maisgott in einem gespaltenen Schildkrötenpanzer. Auch die Stelen gehen auf diese Bilder ein und zeigen das „Setzen der drei Steine der Schöpfung". Diese drei Steine stellen die drei Sterne im Gürtel des Sternbildes Orion dar. Dennis Tedlock beobachtete, dass einige Mayas auch heute noch drei Steine in ihr Herdfeuer legen[60], ein Ritual, welches ihr Leben in diesem Raum-Zeit-Gefüge mit der Zeit der Schöpfung in Verbindung bringt.

In der Mythologie der Mayas wurde die Milchstraße durch ein Krokodil, das „kosmische Ungeheuer", ein Kanu oder aber den Baum des Lebens dargestellt. Der Schildkrötenpanzer, in dem der Maisgott wiedergeboren wurde, wird oft mit dem Sternbild des Orion in Verbindung gebracht. In anderen Darstellungen der Schöpfungsgeschichte wird auf das Sternbild der Zwillinge verwiesen. Man nahm also an, dass die Schöpfung von dem Teil des Himmels ausging, wo Zwillinge und Orion stehen.[61]

Auch dem Bild der zweiköpfigen Schlange, die sich um den Lebensbaum windet, begegnen wir häufig. Man vermutet, dass es sich hierbei um ein Symbol der Ekliptik, also der Bahn durch die Sternbilder handelt, die die Sonne bei ihren Auf- und Untergängen in einem Jahr beschreibt. Die Schlange versinnbildlichte auch den kosmischen Nabel, die Energieverbindung zwischen der menschlichen Gottessaat und ihrem himmlischen Ursprung. Freidel meint, diese Schlange stünde für den Pfad, auf dem die übernatürlichen Wesen in diese stoffliche Welt reisten. So wird selbst der Maisgott aus dem Maul der Schlange geboren. Auf der Steinplatte aus der berühmten Tempelanlage von Palenque im heutigen Chiapas können wir erkennen, wie menschliche Seelen neue Körper finden, indem sie den Schlund der Schlange hinunterwandern.[62]

In Tikal wurden menschliche Knochen entdeckt, in die Szenen geschnitzt sind, die den Schöpfergott darstellen, der von zwei Ruderern (den Zwillingen) über die Milchstraße gefahren wird, um am Ende ihrer Reise die drei Steine ins Herz Orions zu setzen. Linda Schele erklärt diese Darstellungen folgendermaßen:

> *„Die Paddler bringen den Maisgott an den Ort der drei Steine der Schöpfung und zum Schildkrötenpanzer, sodass er wiedergeboren werden und ein neues Universum schaffen kann. Er ist der Wak-Chan-Ahaw, der alle Geschehnisse in Gang setzt.*
>
> *Zwei bemalte Töpfe, [eines anderen Ausgrabungsorts] bestätigen diesen Zusammenhang mit dem Mythos des Maisgottes. Auf einem deutet der schwarze Hintergrund die lichtlose Zeit an, bevor der Erste Vater den Himmel angehoben hatte; auf der anderen rudern die beiden Zwillinge, der Jaguar und der Stachelrochen das Kanu, welches den Maisgott zum Ort der Schöpfung bringen soll. An seiner Brust trägt er einen Saatsack, sodass er die Saat der Plejaden säen kann oder aber um damit nach vollbrachter Schöpfung die Menschen zu formen, wie Enrique Florescano vorschlägt. Unter dem Kanu sehen wir den Maisgott mit dem Kopf nach hinten gelegt aus dem Maul der Visionsschlange kommen, genau so wie ein Kind durch den Geburtskanal seiner Mutter ans Licht der Welt gelangt.“* [63]

Als Freidel und Schele eine Reihe von Symbolen mit der Karte des Sternenhimmels vom 13. August 3113 v. Chr., dem Beginn des aktuellen Weltzeitalters der Mayas verglichen, stellten sie fest, dass es sich hier um ein genaues Abbild des Mythos handelte. Gewissermaßen spielte sich die Schöpfungsgeschichte als großes, kosmisches Drama im Lauf der Sternbilder ab. Im Laufe der Nacht wird das Krokodil (die

Milchstraße) zum Kanu, welches von Ost nach West läuft. Die beiden Paddler fahren Itzam, den Schöpfer und Maisgott zum Ort der Schöpfung zwischen Orion und den Zwillingen. Hier werden die drei Steine aus dem Gürtel Orions an den Himmel gesetzt. Der Maisgott wird im Orion wiedergeboren und sein Nabel wird zu unserer Ekliptik. Am Tage der Schöpfung unseres Zeitalters präsentierte sich der Sternenhimmel folgendermaßen: Beim Sonnenuntergang stand Orion in der Himmelsmitte. Als er sich dem westlichen Horizont nähert, nimmt er eine Handvoll Körner (die Plejaden) und pflanzt sie in die Erde. Deshalb nannten sie das Siebengestirn auch eine „Handvoll Maiskörner".[64]

Solche Entdeckungen werfen neue Fragen bezüglich des Wissens der Maya auf. Konnten sie von den Lehren des Adam Kadmon und dem neuen spirituellen Menschen gehört haben? Konnten sie wissen, dass laut dieser Lehren die spirituelle Menschensaat von den Plejaden kam und die Elohim, die großen Gottmenschen von der großen Pforte im Orion stammten? Oder malten die Schöpfer selbst die Geschichte der Schöpfung an den Himmel, sodass sie später in die Sprache des Mythos einging?

Überreste der Lichtsaat der Mayas

Indem die Kunst und Architektur der klassischen Mayas die Sternenkarte zum Zeitpunkt der Schöpfung darstellt, scheint sie auszudrücken zu versuchen, dass die Mayas ihren eigenen Ursprung in den Sternen sahen. Durch die Anwendung der Prinzipien der heiligen Geometrie sicherten sie sich den Zugang zum Höheren Bewusstsein und zum Göttlichen. Mittels ihrer ausgeklügelten Kultstätten stellten die alten Mayas die Verbindung zu ihren kosmischen Ursprüngen wieder her, um ihre Spiritualität ständig wiederbeleben zu können.

Es ist erwiesen, dass die klassischen Mayas viel von der Weltsicht der Olmeken übernommen haben, die ihnen vorausgegangen waren. Dies schließt auch den Kalender und die heilige Architektur ein. Aus den Stelen der Olmeken, die in der Ruinenstadt La Venta gefunden wurden, schlossen Freidel und andere Forscher, dass die Anlage

„als ein Akt der Verehrung" erbaut wurde, um die Heilige Kraft anzu-ziehen.[65] Man fand zahlreiche Edelsteine, magische Symbole und Kraft-gegenstände, derer sich die Olmeken bedienten, um die Energiepfor-ten zu anderen Welten zu öffnen. Freidel schreibt, dass die Olmeken und Mayas ihre riesigen Anlagen nicht durch Zwangsarbeit, sondern durch freiwillige Mitarbeit der motivierten Bevölkerung erbauten. Während mehrerer Generationen halfen Tausende Menschen, diese enor-men Steinbauten zu errichten. Das taten sie vor allem, weil sie sie als Anker des Göttlichen erachteten, die ihnen den lebenswichtigen Zu-gang zum spirituellen Reich ermöglichten.

Freidel und seine Mitarbeiter meinen, die großen Kultplätze der Olmeken und Mayas versinnbildlichten das Urmeer, den besten Ort für spirituelle Kommunikation. „In beiden Kulturen schwammen die Aus-erwählten durch den Rauch der Ekstase des Tanzes. [...] Über ihre Plät-ze flossen die verborgenen Ströme des Ursees. Aus ihnen stiegen die Treppen zu den Gipfeln der Schöpfung auf, und Berge formten die Wege zwischen den Welten."[66] Wandmalereien in Palenque stellen ei-nen solchen „Tanz der Wiedergeburt" auf diesem „Wasserplatz" dar, der die Verbindung zur übernatürlichen Welt darstellt. Unterhalb die-ses „Wasserplatzes" finden sich Bilder von Wasserlilien, aus deren Blü-tenständen Totenköpfe wachsen.[67] Kent Reilly, der die Olmeken ein-gehend studiert hat, unterstrich, dass fliegende und schwimmende Men-schendarstellung in der olmekischen Kunst veränderte Bewusstseins-zustände symbolisierten und dass auch andere Kulturen die Trance auf diese Weise bildlich darstellten. So machen auch die Einwohner der südafrikanischen Kalahariwüste Schwimmbewegungen, wenn sie sich in tiefer Trance befinden, während die Figuren des Schwimmers zu den typischen Figuren der ekstatischen Tänze von Monte Alban gehören.[68]

Heilige Stätten als Tore zu Höherem Bewusstsein

In allen klassischen Tempelanlagen Zentralamerikas stoßen wir auf Heilige Geometrie, die darauf hindeutet, dass sie praktisch aus-nahmslos als Pforte zum Reich der geistigen Welt angesehen wurde.

Diese heilige Kommunikation ermöglichte den antiken Völkern den Zugang zur göttlichen Energie. Es ist also keineswegs ein Zufall, dass Kultstätten wie Palenque, Copan und Chichen Itza sich wie die drei Gürtelsterne Orions aneinanderreihen.[69]

Palenque, welches von vielen als die beeindruckendste Tempelanlage Zentralamerikas gehalten wird, soll vom legendären Pacal Votan gegründet worden sein. José Argüelles glaubt, es handle sich dabei um einen erhöhten, spirituellen Impuls, der die Welt der Mayas zwischen 631 und 683 n. Chr. erreicht habe. Letzteres Datum entspricht den Angaben auf Pacal Votans Grab. Der Sage nach sei er ein Avatar, ein großer spiritueller Meister gewesen, der sich selbst als „Schlange, Eingeweihter und Hüter des Wissens" bezeichnete.[70] Nach seinem Tod baute sein Sohn drei Tempel zu seinen Ehren, die heute als Tempel der Inschriften bekannt sind. Auch hier finden wir Darstellungen der Schöpfung, der Wiedergeburt des Maisgottes und der Zeugung des Menschen aus Mais und Wasser.

Wie bereits erläutert, war die Bezeichnung „Schlange" das Zeichen ranghoher Eingeweihter, die mit Energie und harmonischer Schwingung umzugehen wussten. So gab es bei den Mayas auch die Bruderschaft der Schlange. Der Schöpfergott Zamma, der nach seiner Fahrt im himmlischen Kanu zum Maisgott wurde, wird auch im *Chilam Balam* erwähnt. Dort wird er die „Große Schlange aus dem Osten" genannt. So gesehen können die Schlangen auch als Mitglieder der großen außerirdischen Bruderschaft fortgeschrittener Wesen verstanden werden, die zur Entwicklung der Menschheit beitragen sollen – und wieder sind wir bei den Elohim angelangt!

Argüelles erzählt die Legenden, nach denen Pacal von seiner Heimat Valum Chivim auf die Yukatan-Halbinsel gesandt worden sei. Hier heißt es auch, er sei in die Welt der Mayas gelangt, nachdem er das Energietor Kuxan Suum, die Straße zum Himmel, durchschritten habe. Er selbst habe diese Pforte das „Heim der 13 Schlangen" genannt. Pacal habe Palenque gegründet, nachdem er auf dem Usuamacinta Fluss in Valum Votan angekommen sei.[71]

Die Steinplatte von Pacals Grab, die erst 1952 entdeckt wurde, deutet an, Pacal sei außerirdischer Abstammung gewesen. Dieses wohl geheimnisvollste Kunstwerk der Klassik der Mayas zeigt, wie Pacal bei seinem Tod in den Himmelsbaum fällt, von wo aus er auf den „Weißen Weg", die Milchstraße gelangt. Über ihm erstreckt sich der Baum des Lebens, in dessen Ästen sich die doppelköpfige Schlange windet und dadurch anzeigt, dass er gerade eine bedeutende Wandlung durchmacht. Allem voran deutet diese Skulptur an, dass Pacal, wie Christus, der Illusion des Todes entgeht und Gott wird. Wurde er zuerst als Avatar in menschlichem Körper dargestellt, so wird er später zum Schöpfergott selbst.[72]

Argüelles meint, die Mayas seien ein Sternenvolk oder Herren der Zeit gewesen, die eine bestimmte Aufgabe auf dieser Erde zu erfüllen gehabt hätten. Für ihn ist Valum Chivim eine Sternenbasis, die sich möglicherweise auf den Plejaden befindet und dem außerirdischen Ursprung der Mayas entspricht. Das „Heim der 13 Schlangen" interpretiert er als intergalaktische Passage zu höheren Energieniveaus jenseits unseres Sonnensystems. So erklärt er auch, dass der Begriff Kuxan Suum so viel bedeutet wie „Straße in den Himmel, die zur Nabelschnur des Universums führt".[73] Diese Vorstellung ähnelt der schamanistischen Lichtschnur, durch die unser Sonnengeflecht mit dem Himmel verbunden ist. Außerdem setzt Argüelles die Unterwelt, die der *Popol Vuh* Xibalba nennt, mit unserer stofflichen Welt von Raum und Zeit gleich. Für die Mayas sei diese Welt eine Prüfungsphase gewesen, die wir in menschlicher Gestalt zu bestehen hätten. Insofern sei Xibalba die Welt der Illusionen, in der die Menschen geboren werden. Die Nagualtradition nennt dies den Traum des Planeten (Diese Vorstellung ist auch den fernöstlichen Religionen bekannt. Besonders erstaunlich ist in dieser Hinsicht wohl der indische Begriff dafür: *maya*. Anm. d. Ü.).

Laut Argüelles hätten Pacal und andere Meister der klassischen Epoche diese Welt bewusst verlassen, um zu ihrem Ursprung in den Sternen zurückzukehren. Für ihn sind die neun Herren, die in Pacals Krypta angedeutet sind, seine neun Vorgänger, allesamt Gottmenschen. Auch in Quetzalcoatl/Kukulkan, der von 947 bis 999 v.Chr. lebte, sieht er eine Inkarnation Pacals.[74]

Die klassischen Mayas, die Zapoteken und die Teotihuacanos lebten in etwa zur selben Zeit. Alle drei Kulturen verfügten über ausgedehnte

Kenntnisse des Universums. Aus ihren spärlichen Zeugnissen können wir nur eines mit ziemlicher Sicherheit vermuten: Sie hatten dasselbe Ziel. Sie versuchten den Ruhm der Höheren Welt auf der stofflichen Ebene zu verbreiten. Sie wiederholten bewusst die Schöpfungsgeschichte in ihren Riten, ihrer Kunst und ihrer Architektur, um ihr Leben in diesem Raum-Zeit-Gefüge zu verankern. Die großen Könige, die von ihren Untertanen als Gottmenschen erachtet wurden, kontrollierten die Entwicklung von Kultstätten und Tempelanlagen. Obwohl wir nicht unbedingt wissen müssen, woher diese Gottmenschen kamen und wohin sie gingen, um das Los der spirituellen Menschen zu verstehen, so ist es doch notwendig, bestimmte Details bezüglich der heiligen Stätten zu klären, die sie uns hinterlassen haben.

In jener Zeit nahm eine große Anzahl der Bewohner Lateinamerikas an Initiationsritualen teil, die sie den höheren Welten näher bringen sollten. Dies geschah in Zeremonialzentren, für deren Bau bedeutende Investitionen notwendig gewesen waren. In der Weitsicht dieser Menschen waren solche Tempelanlagen lebenswichtig, da nur sie das Volk mit seiner angeborenen Göttlichkeit in Verbindung bringen konnten.

Darüber hinaus dienten diese Kultstätten als Zeitmesser aus massivem Stein. Mit ihrer Hilfe bestimmte man die Sonnenwenden und Tagundnachtgleichen, die Bewegung der Sterne, Planeten und Sternbilder und nicht zuletzt auch Zeitzyklen einer Größenordnung, die uns selbst heute nur schwer nachvollziehbar ist.

Die wichtigste Aufgabe dieser Tempel war es, die Ebene der Erde in Einklang mit den höheren Welten zu bringen. Eine solche heilige Übereinstimmung ermöglichte eine direkte Verbindung zu höheren Ebenen. Nur so konnten die drei Steine der Schöpfung, welche die körperlichen, geistigen und spirituellen Kräfte symbolisieren, auf eine Linie gebracht werden. In einem seiner ersten Schöpfungsakte stellte Gott die drei Steine der Schöpfung an den Himmel. Wir erwähnten bereits, dass die Mayas auch heute noch drei Steine in ihr Herdfeuer legen. Solche Riten zeigen das ständige Streben des Menschen, mit der göttlichen Welt in Verbindung zu bleiben.

Archäoastronomie und die
Prophezeiungen der Mayas für eine Neue Welt

Das Studium der Archäoastronomie hat maßgeblich zu unserem Verständnis der Mayas beigetragen. Ein kurzer Überblick über die Himmelsbewegungen der Erde soll uns helfen, das Weltbild der Inkas und Mayas, die sich beide als Kinder der Sonne bezeichneten und über eine komplexe Kosmologie verfügten, besser zu verstehen.

Wir wissen, das die Sonne in der nördlichen Hemisphäre am Tag der Sommersonnenwende, dem längsten Tag des Jahres, am nördlichsten Punkt auf- und untergeht, während sie am Tag der Wintersonnenwende am südlichsten Punkt über den Horizont läuft, was diesen Tag so besonders kurz werden lässt. Wir wissen ebenfalls, dass die Erdachse sich in beiden Hemisphären im Sommer zur Sonne hin und im Winter von der Sonne weg neigt. Bei den beiden Tagundnachtgleichen im März und September lehnt sich die Erdachse im Verhältnis zur Sonne auf die Seite.

Auch wenn es von hier aus gesehen scheint, dass die Sonne sich um die Erde dreht, so wissen wir doch, dass das Umgekehrte der Fall ist und dass auch die Jahreszeiten nicht mit einer Veränderung der Sonnenbahn, sondern mit dem Lauf der Erde um die Sonne zu tun haben. Aus unserer Perspektive geht die Sonne im Laufe eines Jahres durch alle Zeichen des Tierkreises. Der langsamste Wandel ist jedoch der der Neigung der Erdachse selbst. Ist der Wechsel der Jahreszeiten lediglich dadurch bedingt, dass die Erde schräg geneigt um die Sonne läuft, so ändert sich auch dieser Neigungswinkel geringfügig. Diese Veränderungen sind so gering, dass sie nicht einmal im Laufe eines Menschenlebens mit bloßem Auge bemerkt werden können, müssen jedoch berücksichtigt werden, wenn wir ermitteln wollen, wann und wo die Sonne an einer Stätte der Antike auf- und unterging.

Diese Bewegung heißt Präzession und hat zur Folge, dass die Menschen verschiedener Epochen nicht denselben Sternenhimmel sahen. Die Erdachse dreht sich nämlich im Zeitraum von 25.800 Jahren einmal um sich selbst, was die Perspektive auf die Fixsterne verändert. In dieser Zeitspanne beschreibt sogar der Polarstern einen kleinen Kreis über dem nördlichen Sternenhimmel, bis er wieder seine Position genau über der Erdachse einnimmt. Für die Kulturen der Vergangenheit jedoch von größerer Bedeutung war der damit verbundene Umstand, dass die Sonne durch diese Bewegung alle 2.000 Jahre in einem anderen Zeichen aufgeht. Etwa seit Christi Geburt geht sie in den Fischen auf, in den 2.000 Jahren davor ging sie im Widder und davor im Stier auf. Deshalb stehen wir nun auch auf der Schwelle zum neuen Zeitalter des Wassermanns. Dieses Phänomen hat nun auch einen nicht zu vernachlässigenden Einfluss auf die Position bestimmter Sternkonstellationen aus der Perspektive antiker Kultstätten. Die Archäoastronomie gibt uns Aufschlüsse über den Sternenhimmel bei Schlüsseldaten wie den Sonnenwenden. So verschiebt sich die Stelle, an der die Plejaden aufgehen, z.B. alle 72 Jahre um ein Grad. Um also festzustellen, wo bestimmte Sternbilder im Jahre 3113 v. Chr. standen, müssen wir die Verschiebungen der Präzession berücksichtigen.

Dieses komplexe Phänomen der Präzession war bereits den Schamanen der Mayas und Inkas bekannt. Ihre Aufgabe bestand u.a. darin, den genauen Zeitpunkt der Sonnenwende zu bestimmen, da diese Angaben nicht durch die bloße Beobachtung der Sonne, sondern nur durch einen Vergleich mit der Position der Fixsterne ermittelt werden konnten. Die Präzession spielte also auch eine Rolle, wenn der Sonnenkalender auf den aktuellen Stand gebracht werden sollte.

In vielen antiken Kulturen bediente man sich der Mythologie, um Angaben über die Präzession der Tagundnachtgleichen und anderer astronomischer Beobachtungen an spätere Generationen weiterzugeben. Die Historikerin Hertha von Dechend stellte überdies fest, dass eine Reihe universeller Konventionen in der ganzen Welt verwendet wurden, um astronomische Einzelheiten in Mythen zu verschlüsseln.[75]

In bestimmten Epochen des Präzessionszyklus steht die Sonne bei Sonnenwende oder Tagundnachtgleiche in der Milchstraße. Solche Anordnungen finden sich etwa alle 6.400 Jahre. Die letzte fand 4.400 v.Chr. statt, als die Sonne der Herbsttagundnachtgleiche in Konjunktion zur Milchstraße stand. Dechend und Santillana stellten fest, dass diese Epoche in vielen Kulturen mit dem Goldenen Zeitalter übereinstimmte. Demnach sei die Menschheit nach dem Ende der goldenen Zeit in eine Geschichtsphase zunehmender Disharmonie eingetreten.[76]

Heute stehen wir nur wenige Jahre vor der Konjunktion der Milchstraße mit der Sonne der Dezembersonnenwende. In seinem Buch *Maya Cosmogenesis 2012* stellt der Autor John Major Jenkins fest, dass dies überdies mit dem Ende eines vollständigen Präzessionszyklus zusammenfällt, ein Ereignis, das sich also nur alle 25.800 Jahre zuträgt. Laut Jenkins stimmt dieser Zeitpunkt mit dem Ende des aktuellen Zeitalters der Mayas am 21. Dezember 2012 überein, nach dem das neue Weltzeitalter der fünften Sonne beginnt.[77]

Brachte der letzte Präzessionszyklus die Saat des menschlichen Bewusstseins auf die Erde, so ist es kaum minder interessant, was die Mayas zum Beginn des neuen Zeitalters zu sagen haben. Nach Jenkins setzten die Mayas einen ganzen Präzessionszyklus mit einem großen, spirituellen Entwicklungsstadium der Menschheit gleich. Für sie sei die Übergangsphase zwischen zwei Zeitaltern zugleich eine enorme Gelegenheit für spirituellen Wandel und Erneuerung gewesen. Die Konjunktion von 2012 findet statt, wenn die Dezembersonnenwende sich im Schützen mit der Milchstraße kreuzt. Eine Himmelszone mit dem Namen das „dunkle Riff" – die die Mayas als Xibalba bi, den Weg in die Unterwelt bezeichneten – weist genau auf diesen Schnittpunkt hin. Jener liegt genau im Zentrum unserer Galaxis, den die Mayas den „Heiligen Baum" nannten, da er für sie die Stätte der Schöpfung war.[78]

Der Weg, den die Sonne und die Planeten am Himmel zurücklegen, wird als Ekliptik bezeichnet. Er kreuzt die Milchstraße an zwei Stellen, dem Schützen und den Zwillingen. So bilden Ekliptik und Milchstraße (unsere Galaxie) ein Kreuz. Die Mayas wussten darüber offenbar Bescheid, da sie diese Stelle als kosmische Gebärmutter bezeichneten, weil sie für sie dem Mittelpunkt der Schöpfung entsprach. Deshalb meint Jenkins auch, dass sich eine spirituelle Pforte öffnen wird, wenn die Sonnenwende in Konjunktion mit dem Mittelpunkt unserer Galaxie steht.[79] Ist es möglich, dass dieses kosmische Ereignis einen Sprung im menschlichen Potenzial bewirkt?

88

Freidels Untersuchungen, die sich sowohl auf die Mythologie als auch die Archäoastronomie stützen, ergaben, dass das aktuelle Weltzeitalter der Mayas mit dem Kreuzungspunkt in den Zwillingen 3113 v. Chr. begann, was für sie der Wiedergeburt des Ersten Vaters entsprach. Jenkins deutet daher den Beginn eines neuen Zeitalters 2012 als eine kosmische Wiedergeburt der Menschheit.

Steht die Sonne an ihrer Wende (das Symbol des Ersten Vaters) am 21. Dezember 2012 auch in Konjunktion mit dem Schützen, so haben wir es in dieser Größenordnung natürlich nicht mit einem Ereignis zu tun, welches sich auf einen Tag beschränkt. Die Auswirkungen der Konjunktion sind bereits spürbar und werden es noch gut 200 Jahre bleiben. Jenkins zeigt auf, dass es sich beim Zentrum unserer Galaxie weniger um einen Punkt als um einen größeren Bereich handelt, an dem unsere Sonne einige Jahrhunderte lang vorüberwandelt.[80] Astrologisch gesehen ist die Konjunktion eines Planeten mit der Sonne ein positiver Aspekt, der verstärkte Willenskraft, Kreativität und Initiative anzeigt. Doch bezieht sich die fragliche Konjunktion auf keinen Planeten, sondern auf unsere gesamte Galaxie. Wir können also nur Spekulationen anstellen, was ein solches Himmelsereignis bewirken kann.

Doch findet noch eine weitere wichtige Konjunktion am Ende des aktuellen Maya-Kalenders statt. Die Sonne überlagert sich nämlich auf der Yukatan-Halbinsel am 20. Mai 2012, 60 Tage nach der Frühlingstagundnachtgleiche mit den Plejaden. Dieses Ereignis wird am Himmelszenith stattfinden und von einer Sonnenfinsternis eingeleitet werden. Jenkins erbringt Belege, dass die Könige der Mayas mit der Thronbesteigung bis zu einer Sonne-Plejade-Konjunktion warteten. Für sie sei dies ein Zeitpunkt göttlicher Zeugung gewesen.[81] Für die Mayas hatten bestimmte harmonische, kosmische Zyklen ihre positive Entsprechung in unserer Welt.

Neben der Bestimmung der Saat- und Erntezeit gab es noch viele andere Gründe für die Bedeutung der Sonnenwenden und Tagundnachtgleichen bei den antiken Völkern. Es scheint, dass unsere Vorfahren sich zumindest in einem Punkt mit den zeitgenössischen Esoterikern einig waren: Der Zeitraum um diese vier Schlüsseldaten des jährlichen Sonnenlaufs stellt eine Periode spiritueller Kraft dar. Es heißt, die Höheren Ebenen des Bewusstseins seien an diesen Tagen zugänglicher. Die Inkas und ihre Ahnen glaubten, dass die Pforten der Höheren Welten sich öffneten, wenn die Sonne am Tag ihres Wendepunkts in der Milchstraße aufging. Für sie und die Mayas war diese Öffnung weit mehr als eine bloße Metapher.

Ein weiterer interessanter Glaube steht mit der Präzession der Tagundnachtgleichen in Verbindung. Nach einer alten esoterischen Idee soll dieses Himmelsphänomen, welches die Bewegungen der Erde und der Sonne gleichermaßen betrifft, in Zusammenhang mit dem Siebengestirn stehen. So meint J.J. Hurtak, dass die Plejaden in zahlreichen alten Kulturen einst die Muttersonne unseres Sonnensystems gewesen sein sollen. Hurtak schreibt, dass unser Sonnensystem 25.827,5 Jahre benötigt, um ein Mal um das Siebengestirn zu kreisen.[82]

Auch das Konzept des großen Platonischen Jahres, das einem ganzen Präzessionszyklus entspricht, wird mit den Plejaden in Verbindung gebracht. Vielleicht ist das darauf zurückzuführen, dass die Plejaden in vielen antiken Kulturen – darunter auch den lateinamerikanischen – ein praktisches Hilfsmittel darstellten, die Präzession zu bestimmen. Außerdem war man sich gewiss, dass wir alle Teil eines größeren kosmischen Zeitzyklus sind. Argüelles geht davon aus, dass die vier Zeitalter mit dem Präzessionszyklus von 25.800 Jahren übereinstimmen, da jedes Zeitalter 5.200 Jahre zählte. Für ihn entspricht der letzte große Zyklus, an dessen Ende wir nun stehen, der Epoche der menschlichen Entwicklung auf der Erde.[83] In dieser Hinsicht ist es sicherlich auch von Belang, dass die Mythen der alten Zivilisationen von Lemurien und Atlantis davon ausgehen, dass die erste Menschensaat vor etwa 26.000 Jahren auf die Welt kam.

Es gibt jedoch keinen wissenschaftlichen Beweis dafür, dass unser Sonnensystem tatsächlich um die Plejaden kreist. Einfache Berechnungen scheinen diese Annahme zu widerlegen. Sollte unser Sonnensystem einen solchen Kreislauf tatsächlich in 25.827,5 Jahren vollenden, so müsste dies in einer Geschwindigkeit von 1.854.000 km/h geschehen, was beobachtbare Veränderungen nach sich ziehen würde. Wir wissen, dass sich unsere Sonne und unser gesamtes Sonnensystem tatsächlich in hoher Geschwindigkeit (770.000 km/h) am Rande unserer Galaxie (der

Milchstraße) durch das All bewegen.[84] Ein zusätzlicher Kreislauf um die Plejaden kann in dieser Hinsicht also nur metaphorisch gemeint sein.

Ebenso metaphorisch ist wahrscheinlich auch die Photongürtel-Theorie der Plejaden. Nach dieser bei Anhängern des New Age recht beliebten Theorie sei die Erde heute einem Gürtel von Hochfrequenz-lichtteilchen ausgesetzt, die vom Siebengestirn kommen sollen. Diese Theorie wurde von der Wissenschaft als Fehlmeldung verworfen.

Natürlich ist es andererseits ebenso möglich, dass solche Ideen unseren heutigen Paradigmen in der Wissenschaft einfach widersprechen. Vielleicht wird die Menschheit später einmal in der Lage sein, andere Ebenen der Wirklichkeit wahrzunehmen, auch wenn sie außerhalb unseres Raum-Zeit-Gefüges liegen. Warum sollte es keine feinstofflichen Energien und Zyklen nicht-linearer Zeit geben, die wir einfach noch nicht messen können?

Das westliche Denken hat sich so hinter dem rationalen Geist verschanzt, dass es sich oft dagegen sträubt, andere Ansichten gelten zu lassen. Wie lange schon sind wir in Wayus schwarzem Kistchen gefangen? Immer mehr Menschen sind der Ansicht, dass unser durch unser Kultursystem begrenztes Weltbild die Wissenschaft zur neuen Religion erhoben hat und es Zeit wäre, aus dem Kistchen der beschränkten Wahrnehmung zu steigen. Immer häufiger stößt die Wissenschaft an die Grenzen der Beobachtbarkeit und muss eingestehen, dass sie nicht mehr die einzig gültige Grundlage zum Verständnis der wunderbaren Natur des Lebens sein kann. In dieser Hinsicht war die Weltsicht der Antike sicherlich weniger begrenzt als unsere heutige. Offenbar hatten sie wesentlich mehr von subtilen Phänomenen begriffen als wir heute. Die Vorstellung der Gegenwart des Heiligen in physischer Form ist hierfür wohl ein gutes Beispiel.

Kosmische Visionen und der Götterspiegel der Inkas

Die Vorgänger der Inkas waren die Tiahuanacos, von denen wir nur sehr wenig wissen. Für die Inkas war die Epoche der Tiahuanacos von 200 v. Chr. bis 650 n. Chr. das Goldene Zeitalter, das dem dritten Zeitalter der Krieger vorausging.

Die vierte Sonne war das Zeitalter des bewaffneten Konflikts innerhalb der Welt der Inkas, eine Zeit, in der die Lehren des Schöpfergottes Wiraccocha missachtet wurden und eine Kriegerklasse entstand. Das fünfte Zeitalter wurde von Pachacuti, dem neunten Herrscher der Inkas eingeleitet, welcher das große Reich der Inkas errichtete. Unter seiner Führung gelangte Wiraccocha wieder zu hohem Ansehen, und die Welt der Inkas spiegelte erneut die Gesetze der Heiligen Übereinstimmung wider.

Nirgends ist diese Vorstellung besser nachvollziehbar als im atemberaubenden Heiligen Tal der Inkas, welches sich auf etwa 100 Kilometern zwischen Pisac und Machu Picchu erstreckt. Durch das Tal schlängelt sich der einstmals heilige Fluss Vilcanota (Urubamba). Für die Inkas war er das irdische Ebenbild der Milchstraße Mayu.

In dem wunderbaren Werk *The Sacred Valley of the Incas: Myths and Symbols* erzählen Fernando und Edgar Elorrieta Salazar die Geschichte der Andenvölker durch ihre Mythen, Symbole und Kultstätten in einer Weise, die die Essenz ihrer beeindruckenden kosmischen Vision wieder zum Leben erweckt. Zugleich unterstreichen die Autoren jedoch, dass die Mythen der Inkas in erster Linie den Glauben an ihre göttliche Abstammung und die Überlegenheit ihrer gesellschaftlichen, politischen und religiösen Organisation stützen sollten. So verwandelten die Inkas ihre Ideale in Mythen und in die heilige Geometrie ihrer Bauwerke, die die direkte Verbindung zu der mythischen Wirklichkeit veranschaulichen sollten.

Für die antiken Völker Mittelamerikas und Perus war alles heilig. Ein Hauptgrund der Schöpfung war der Ausdruck der Göttlichkeit und die Darstellung der Wirklichkeit höherer Energieebenen in physischer Form. Diese Vorstellung der heiligen Übereinstimmung war auch anderen großen Denkern der Weltgeschichte bekannt. Die Gnostiker, Griechen, Hindus, Buddhisten, Sufis und das Judentum des Mittelalters vertraten alle das Prinzip, dass der Mikrokosmos den Makrokosmos widerspiegelte.[85] „Wie im Himmel, so auf Erden" oder, wie es die mittelalterlichen Alchimisten nannten: „unten wie oben." Für die Inkas stellte die Milchstraße Mayu eine Orientierungsachse am Sternenhimmel dar, um die sich die verschiedenen Sternbilder scharten. Dabei kam einigen Sternbildern besondere Bedeutung für den Wohlstand auf Erden zu. So errichteten die Inkas massive Tempelanlagen im Heiligen Tal, die die wichtigsten Sternbilder der Milchstraße symbolisierten. Für die Andenvölker ist der Kondor ein Götterbote. Außerdem glaubten sie, er trüge die Lebenskraft der Verstorbenen in eine höhere Welt und beschütze die Geister der Ahnen. In Pisac, dem ersten Ort des heiligen Tals, schlugen die Inkas eine riesige Kultstätte in Form eines Kondors aus dem Berg. Dieser breitet die Schwingen aus, als ob er über die Tausende von Gräbern fliegen wollte, die darunter in den Fels gehauen sind. Auch am Sternenhimmel der Inkas entspricht dem Kondor eine eigene Konstellation.

Auch die Vorstellung des heiligen Baums war von großer Bedeutung für die Andenvölker. Das Quechua-Wort *mallqui* bedeutet jedoch nicht nur Baum, sondern auch Ahne. Die Ahnen erachtete man nämlich als Mittler zwischen Menschen, Naturkräften und Göttern. Darüber hinaus sprach man bestimmten Bäumen die Kraft des Orakels zu. Auch für das Sternbild des *Ali Pakita*, dem gespaltenen Baum, gibt es eine irdische Entsprechung. In der Nähe der Stadt Ollantaytambo liegt am Patacancha Fluss eine 1.200 Ar große Anlage aus Terrassen und Bewässerungskanälen, auf der Getreide wie Mais und Quinoa angebaut wird und die die Form eines Baumes mit großem Wurzelsystem und weit ausladenen Ästen voller Früchte hat. Wie von lebensbringendem Saft wird dieses Erdgebilde vom Fluss und von kleinen Bewässerungsadern durchquert, die in zwei Kanäle münden, von denen einer die männliche, der andere die weibliche Hälfte bewässert. Die Krone dieses Baumes wurde so angelegt, dass sie bei den Sonnenwenden vom Licht des Sonnenuntergangs überflutet wird.

Die größte Frucht des Baumes ist die durch die Pyramide von Pacaritanpu symbolisierte göttliche Saat selbst. Der Legende nach wurden die großen Inkas aus den Fenstern dieser Pyramide geboren, die man *Paqarinas*, also „Auftauchen aus einer anderen Dimension" nannte. Demnach wären die Inkas die Samen in der Frucht des Baumes. Das Symbol des Weltenbaumes gibt es in verschiedenen Kulturen. Bei den Mayas entsprach der Himmelsbaum, der alles Leben spendete, der Milchstraße.

Wir erwähnten bereits, dass im Schöpfungsmythos der Inkas Wiraccocha Sonne, Mond und Sterne aus dem Titicacasee steigen ließ, um der Welt Licht zu spenden. Danach schuf er die Inkas aus demselben Wasser. Diese folgten dem heiligen Fluss, bis sie in ein wunderschönes Tal gelangten. Dort traten sie in das Haus der Morgenröte, den Tempel des Pacaritanpu, welcher von den ersten Strahlen der Sonnenwenden erleuchtet wurde und die erste Dynastie der Inkas hervorbrachte. In der Geschichte der Inkas heißt es, dass die Erde sich am Morgen der Sonnenfinsternis am Fenster von Pacaritanpu öffnete und der erste Inka Manco Capac hier durch einen besonderen Lichtstrahl gezeugt wurde. Dann kamen auch seine Brüder und Schwestern hervor und wurden ebenfalls durch die Sonne zu Inkas, den „Erleuchteten".

Dem Sternbild des Catachillay, dem Lama unter dem Südkreuz auf der Milchstraße, kam bei den Inkas besondere Bedeutung zu, da es mit dem Wasser in Verbindung stand. So heißt es, dass das Lama sich in einer bestimmten Oktobernacht zur Erde beugte, um vom Meer zu trinken und so die Erde vor Überschwemmungen zu bewahren. Dafür errichtete man ihm am Hang eines Berges in der Nähe von Ollantayambo auch eine riesige Kultstätte in Form eines Lamas. Die Anlage ist höchst komplex und von einem starken Energiefeld umgeben, welches den Ritualen förderlich sein sollte. Wichtige Zeremonien wurden an bestimmten Körperteilen dieses Lamas gefeiert. Im Auge des Lamas befindet sich ein unvollendetes Observatorium, der ganze Kopf wird vom Sonnentempel eingenommen, das Rückrat ist ein raffiniert angelegter Weg und an den Geschlechtsteilen standen zwei Kornspeicher, einer für die weibliche, der andere für die männliche Saat. Zur Zeit der Inkas traf das erste Sonnenlicht auf den männlichen Kornspeicher und ließ den Samen so fruchtbar werden. Dann traf das Sonnenlicht auf das Auge des Lamas, um sein Bewusstsein zu wecken. Auch die mythische Verbindung des Lamas zum Wasser wurde in diesem Tempel berücksichtigt, da er vor allem dazu diente, die Daten vorherzubestimmen, an denen man Regenriten während der Reifezeit abhalten musste.

Das zuvor erläuterte Konzept der Replik des Makrokosmos im Mikrokosmos, welches die Inkas *Huauque* nannten, wird durch einen weiteren zentralen Punkt der Weltsicht der Andenvölker ergänzt: das

Yanantin, des komplementäre Paar. Was unsere westliche Kultur nur allzu schnell als Gegensätze versteht, sahen die Inkas in einer dialektischen Dynamik. Sie achteten zwar die Unterschiede, begriffen sie aber als zwei Teile eines höheren Ganzen.

Beide Vorstellungen beeinflussten die Anlage von Machu Picchu. Umgebung und Bauwerk lassen eindeutige Rückschlüsse auf die Anwendung der Heiligen Geometrie zu. Die beiden Berge Machu Picchu und Wayna Picchu stehen für die beiden komplementären Pole des Männlichen und Weiblichen. Die ganze Tempelanlage steigt in sattem Grün aus dem Regenwald hervor, als ob sie in den Himmel reichte. Allein ihre Schönheit versetzt uns ins Reich der Spiritualität.

Die Inkas verstärkten die bereist vorhandenen mystischen Eigenschaften der Stätte durch die Architektur des Zeremonialkomplexes, der in Form eines fliegenden Kaimans angelegt ist. Dabei handelt es sich um ein sehr altes Symbol für den Wandel des Stofflichen zum Spirituellen, das uns an den transzendenten Quetzalcoatl Zentralamerikas erinnert. Die größere Tempelanlage ist der Form des Kondors nachempfunden, der als mystischer Vogel der spirituellen Welt der Milchstraße entgegenfliegt. Beide Formen überschneiden sich und passen sich außerordentlich harmonisch an die landschaftlichen Gegebenheiten an. Diese heilige Übereinstimmung von Menschlichem und Göttlichem ist das wertvollste und spirituell wohl wichtigste Vermächtnis der Menschheit.

Eine Geschichte rankt sich um das majestätische Bild des Kondors, der als Gottesbote das Heilige in der Weltsicht der Inkas verkörpert. Der Legende nach schickt die große Sonne ihren Boten jedesmal dann, wenn die Lichtsaat in die Finsternis zu fallen droht. Er kommt in Form eines leuchtenden Vogels auf die Erde, der er seine geheimnisvollen Gaben bringt. Durch sie werden Gewalt, Hass und Zorn beseitigt, und Liebe kehrt wieder in die Herzen der Menschen ein.[86]

Das Schließen der Gottespforten

Die Geschichte der Anden erzählt, dass in der Welt nach der Heimkehr Wiraccochas um etwa 650 v. Chr. Kriege ausbrachen, die zuvor in den Anden unbekannt waren. Kurz darauf ging auch die Zivilisation der Tiahuanacos unter, was zu einem tiefen Wandel der Weltsicht der Andenvölker führte.

Archäologische Ausgrabungen ergaben, dass die Kriegsgeschehen in einer vom Stamm der Wari bewohnten Gegend im Herzen der Anden begannen.[87] Die Kosmologie dieses Volks unterschied sich grundlegend von der der antiken Zivilisationen, die sie brutal überrannte. Die Wari waren eher eine weltlich, denn spirituell orientierte Gesellschaft. Sie eroberten und herrschten offenbar mit Gewalt und waren von elitärem Denken, Reichtum, Macht und Kontrolle besessen.[88] In unserem heutigen Verständnis werden ihre brutale Kriegführung und grausamen Opferpraktiken oft fälschlich den Inkas zugeschrieben.

Die Ureinwohner des Andenhochlands lebten seit „Anbeginn der Zeit" (d.h. der Ankunft Wiraccochas) nach den Lehren ihres Gottes in klassenloser Zusammenarbeit verschiedener Völker nach dem Prinzip der Gegenseitigkeit zusammen. Da der Schöpfergott Wiraccocha als androgynes Wesen verstanden wurde, waren Männer und Frauen gleichberechtigt und wurden als notwendige, natürliche Gegenstücke gesehen.

Der Einfluss Tiahuanacos, der sich über das heutige Ost- und Westbolivien, über Nordwestargentinien, Nordchile und Südperu erstreckte, schloss Kriegshandlungen aus. Die Tiahuanacos hatten kein Heer, da ihre Eroberungen allein auf dem Prestige ihrer Kenntnisse beruhten. Man bildete kooperative Allianzen mit verschiedenen Regionen, die auf Loyalität und gerechter Verteilung der gemeinsamen Güter basierten.[89]

Akapana, das Behördenviertel von Tiahuanaco wurde als architektonische Glanzleistung angesehen. Gekrönt wurde es von einer großen Pyramide mit flacher Kuppe, von der sich Wasserfälle über die Stufen nach unten ergossen. Sie war dem Heiligen Felsen der Sonneninsel im Titicacasee, der als Quelle des göttlichen Lebens angesehen wurde, nachempfunden.

Andere Ausgrabungen bestätigen, dass dieses Goldene Zeitalter zwischen 600 und 650 n. Chr. ein abruptes Ende fand, als das Reich der Tiahuanacos von den Wari zerstört wurde. Das ausgefeilte Wassersystem der Akapana wurde ebenso wie die verstümmelten Körper der Besiegten und wie Tausende von Scherben von Gefäßen mit Wari-Motiven begraben, welche mit stilisierten Bändern menschlicher Kopftrophäen verziert waren.[90] Die Schreckensherrschaft der Wari dauerte etwa 200 Jahre und verwandelte die Anden grundlegend. Die Fluten von Mord und Zerstörung spülten die letzten Überreste der Goldenen Zeit der Anden fort.

Als der Staat der Wari 850 n. Chr. schließlich unterging, hinterließ er lediglich eine Menge kleiner Festungsanlagen auf verschiedenen Hügelkuppen. Vorbei die goldene Zeit der Heiligen Geometrie der Tempelanlagen. Die Kriegerklasse, die die Kontrolle übernahm, erging sich im von den Männern dominierten Jaguarkult und brachte wie die Wari Tieropfer dar. Das Licht, welches Wiraccocha auf die Erde gebracht hatte, hatte sich verfinstert. Der Ethnoastronom William Sullivan zeigt, dass die Kosmologie der Völker der hohen Anden bis zur Ankunft der Wari darauf basierte, verantwortungsbewusst in allen drei Reichen der Andenrealität zu handeln.[91] Eine höher entwickelte, spirituelle Ordnung hatte die Gesellschaft geformt und das Leben der Bevölkerung harmonisch gestaltet. Nachdem diese Ordnung zusammengebrochen war, war auch das Gleichgewicht gestört. Das Volk der Inkas entstand in diesem von den Wari zurückgelassenen Chaos. Ihre Mythen erzählen, dass Wiraccocha vor seiner Rückkehr in die Welt der Sterne einem Kriegerhäuptling namens Apotambo seinen Stab gab. Dieser Stab stand für die Ahnenschaft des Lichts. Der erste Inka dieser Linie war der mythische Gründer der Dynastie Manco Capac, der um das Jahr 1200 n. Chr. regierte.

Ganz offensichtlich lehnten die Inkas sich an die Vorarbeit der Tiahuanacos an. Wenn sie auch einen nicht unbedeutenden Teil ihrer Mythologie, ihrer Theologie und ihrer Gesellschaftsstruktur von ihren Vorgängern übernahmen, so kamen jedoch weder ihre Kunst- noch ihre Bauwerke an den Glanz des Goldenen Zeitalters heran. Die Könige der Inkas waren überzeugt von ihrer göttlichen Abstammung, weshalb sie auch von ihren Untertanen als Götter verehrt wurden. Nur die Menschen königlicher Abstammung nannte man eigentlich Inkas. Dieser Glaube an ihre natürliche Überlegenheit bahnte ihnen den Weg zum Imperium. Obwohl dieses Reich nicht ganz ohne Blutvergießen geschaffen wurde, unterwarfen sich die meisten Stämme freiwillig der Überlegenheit der Inkas.

Die *Wakas*, die Bräuche und Sprachen der meisten eroberten Stämme wurden als Teil einer höheren Ordnung beibehalten. Die Inkas verfügten über ein komplexes Erziehungssystem, das vor allem der Schicht des Adels und der Beamten zugute kam. Man schuf hohe Kunst, und besonders die *Mamacona*, die Jungfrauen der Sonne, waren bekannt für ihre feinen Webereien und anderen Kunstfertigkeiten.

Der Reichtum der Inkas wurde weniger an ihren Bauwerken als am Wohlergehen der Bevölkerung gemessen. Ihre bedeutendsten Monumente sind deshalb wohl auch die unzähligen Terrassen und Bewässerungssysteme. Sie verstanden es, ein Maximum aus dem verfügbaren Land zu gewinnen und vermieden so den Hunger ihrer 6 Millionen Köpfe zählenden Bevölkerung.[92]

Innerhalb von ein paar Jahrzehnten gelang es ihnen so, ein Reich zu gründen, welches der Größe des Römischen Imperiums in nichts nachstand und sich über 4.000 Kilometer vom heutigen Kolumbien bis in den Süden Chiles erstreckte. Sie bauten Straßen über 16.000 Kilometer Länge und verfügten über ein Kommunikationsnetz, in dem Nachrichten durch Läuferstaffeln mit einer Geschwindigkeit von 250 Kilometern pro Tag durch Urwald und hohe Berge befördert werden konnten. All dies brachten sie erstaunlicherweise ohne Erz, Pferde, Räder und Schrift zuwege.

Wie ihre Vorgänger, so bedienten sich auch die Inkas keiner Schrift, sondern machten ihre Aufzeichnungen mittels der Knotenschnüre *Quipus*. Und auch diese Fertigkeit beherrschten wohl nur die Geschichtsschreiber. Da viele von ihnen von den spanischen Eroberern niedergemetzelt wurden, die auch die meisten *Quipus* verbrannten, wissen wir heute leider nur sehr wenig von der Zivilisation der Inkas.[93]

Pachacuti – die Zeit des Wandels

Alle schriftlichen Aufzeichnungen über die Inkas wurden demnach erst von spanischen Priestern verfasst, die – von wenigen Ausnahmen abgesehen – nur mit extremen kulturellen Vorurteilen über die Inkas berichten. Um sich der Weltsicht der Inkas möglichst ohne diese Scheuklappen der Zivilisation zu nähern, versuchte der Ethnoastronom

William Sullivan möglichst viele Informationen aus den Mythen der Inkas zusammenzutragen. So gelang es ihm in seinem Werk *The Secret of the Incas* eine Chronik der Geschichte der Anden zu verfassen, die sich neben der Mythologie der Inkas auch auf Ergebnisse der Archäoastronomie stützt.

Sullivan stellte fest, dass die Inkas, ganz wie die klassischen Mayas, ihre Geschichte in Form ihrer Sternbilder erzählten. Hierbei konzentriert er sich jedoch weniger auf den Schöpfungsmythos, sondern auf die Geschichten, die sich um die Zeit des *Pachacuti* ranken, als die Welt der Inkas große Veränderungen erfuhr. Für die Inkas war das *Pachacuti* eine Zeit, in der die Wahrnehmung der Wirklichkeit sich umkehrte und das Kommen eines neuen Zeitalters, einer neuen Sonne ankündigte. Sullivan entdeckte, dass viele Mythen der Inkas diesen Stoff zum Inhalt haben.

Die erste dieser Perioden wird *Ukhupachacuti*, „Wandel der Welt durch das Wasser" bezeichnet.[94] Die Geschichte dieser Sintflut findet sich in zahlreichen Mythen der Inkas wieder. Die bekannteste Legende ist wohl die vom Lama, das immer mutloser wurde und nicht mehr essen wollte. Als der Hirte das Lama fragte, was los sei, antwortete es ihm, dass in den Sternen geschrieben sei, dass die Erde bald durch eine große Flut zerstört werden würde. Laut Sullivan soll diese Flut 650 n. Chr. stattgefunden haben. Als er den Sternenhimmel am Tag der Junisonnenwende dieses Jahres studierte, sah er, dass man hier tatsächlich die Ankündigung des *Pachacuti* sehen konnte. Das erste Mal seit über 800 Jahren hatte die Milchstraße aufgehört, am Himmel der Sonnenwende aufzugehen. Dies war ein kosmisches Zeichen für das Ende des dritten, des Goldenen Zeitalters, welches tatsächlich mit der Zerstörung Tiahuanacos einher ging. Die Archäologen bestätigten, dass dieser Beginn der vierten Sonne dem Aufstieg der Wari und ihren aggressiven Kriegskulten entsprach. Weiter berichten die Mythen, dass Wiraccocha zu dieser Zeit die Welt verließ, indem er über die Brücke der Milchstraße ins Land der Götter zurückkehrte.

Zwei wichtige Fäden spinnen sich durch die Weltsicht der Inkas. Der eine ermöglichte durch die Pforte der Götter (Wiraccocha) den direkten Kontakt zur göttlichen Welt, der andere verband die Inkas mit der Welt der Ahnen, ihrer Kultur und ihren Lehren. Über kurz oder lang würden diese beiden Fäden verloren gehen, was die Inkas als das Verschließen der Pforten bezeichneten.

Da die Erde selbst zur Milchstraße gehört, können wir nur einen Teil von jener sehen. Die beiden sichtbaren Arme gehörten zu den erstgenannten Pforten der Inkas. Sullivan stellte fest, dass diese Pforte sich in der Tat geschlossen hatte, da die Milchstraße das erste Mal in der Geschichte der Menschheit am Morgen der Sonnenwende vom 20. Juni 650 nicht mehr zu sehen war. Diese Folge der Präzession wurde später mythologisch aufgezeichnet. Das Verschließen dieser Pforte beendete die goldene Zeit der Tiahuanacos und leitete die der barbarischen Wari ein. Die Fäden, die die Tiahuanacos mit ihrem tieferen Wissen verbanden, waren gerissen.

Dennoch blieb die zweite Pforte zu den Ahnen weiterhin offen. Die Inkas verehrten ihre Vorfahren und wandten sich um Weisheit und Führung an sie. Waren es doch ihre Ahnen gewesen, über die die schmale Brücke zur Göttlichkeit lief, die sie mit allen mystischen Traditionen verband. Doch auch diese Brücke, die allen Anstürmen des *Pachacuti* standgehalten hatte, war nun in Gefahr. Die Reste der heiligen Traditionen waren nun von einer anderen Flutwelle bedroht.

Der achte Herrscher der Inkas, Wiraccocha Inka, soll nicht nur über die Kraft der Weissagung verfügt haben, sondern sogar Feuerbälle auf seine Feinde geworfen haben.[95] Er war es auch, der die Zeichen des nahenden Endes des Inkareiches aus den Sternen las. Schon zu jener Zeit war zu vermuten, dass die Milchstraße an den Sonnenwenden nicht mehr zu sehen sein würde. Ebenso sah er voraus, dass das große Sternenlama bald nicht mehr aus dem himmlischen Fluss trinken würde, um eine Sintflut in dieser Welt zu verhindern. Beides interpretierte der Inka als Zeichen für das bevorstehende Ende seiner Kultur.

Unter diesen Voraussetzungen kam der neunte, der Pachacuti Inka an die Macht und schuf das größte Imperium der damaligen Welt, das Reich der Kinder des Lichts. Es heißt, der Pachacuti Inka hätte wie sein Vater, der Wiraccocha Inka, über die Kräfte eines Gottmenschen verfügt, und dass ihm die Götter selbst bei seinen Siegen geholfen hätten. Der Pachacuti Inka wurde der „Große Erderschütterer" genannt, da er versuchte, unser Raum-Zeit-Gefüge zu verändern und sich weigerte, den Fatalismus der väterlichen Prophezeiungen zu teilen. Indessen erklärte er ein neues, das fünfte Weltzeitalter. Um diesen großen Wandel geltend zu machen, degradierte er die Priester der alten Kriegerklasse und ließ die Lehren Wiraccochas wiederauferstehen, der zwar der Gott der Bauern, nicht aber der Oberschicht gewesen war.

Die Legende schreibt dem Pachacuti Inka großen Mut zu. An einem bedeutungsschweren Tag begab er sich an den Sapi Stein in den Bergen hoch über Cuzco, wo er sich mit Wiraccocha selbst traf, mit dem er so lange verhandelte, bis der Schöpfergott ihm zugestand, das Ende der Zivilisation der Inkas noch um drei Generationen aufzuschieben. So arbeiteten nach ihm noch sein Sohn, der Tupa Inka, und sein Enkel, der Huayna Capac Inka, an der Festigung des Reichs. Erst beim Tod des Letzteren stand das Reich vor dem Untergang.

Der Pachacuti Inka setzte alles daran, der Zerstörung des Weltbilds der Inkas zuvorzukommen. Obwohl er ein mitfühlender Herrscher war, der der Spiritualität der Inkas zu neuem Glanz verhalf und Machu Picchu errichtete, führte er auch unmenschliche, ja barbarische Rituale ein. Er ließ die *Wakas*, die Statuen, die das Volk mit seinem göttlichen Ursprung verband, versetzen und führte das *Capacocharitual* des Menschenopfers ein. Solche Opfer hatte es zuvor nie bei den Inkas gegeben. Das *Capacocha* wurde bei der Wintersonnenwende abgehalten. Schwere Ladungen von Gold, Silber und wertvollen Stoffen wurden zu diesem Anlass von jeder Adelsfamilie nach Cuzco geschickt. Dann wurden reine, unbefleckte Kinder königlicher Abstammung[96], die feinste Gottessaat des Reiches im Namen ihrer *Wakas* an heiligen Stätten geopfert.[97] Sullivan meint, sie seien als Boten zu den verschiedenen Sternen geschickt worden, die mit ihrer Ahnenlinie *Waka* in Verbindung standen, um verzweifelte Nachrichten zu überbringen.[98] Sie wurden heimgesandt, um für das Überleben ihrer Zivilisation zu bitten.

Zwischen 1525 und 1527 lag der Huayna Capac Inka, der Erbe des Pachacuti Inka, an Pocken erkrankt auf dem Sterbebett in Quito.[99] Es heißt, er sei aber erst siebzehn Jahre später mit der Prophezeiung seines Großvaters auf den Lippen gestorben, wohlwissend, dass er der letzte Inka vor der großen Flut gewesen war. Er trug seinen Söhnen auf, den Invasoren, die er als neue Wiraccochas sah, zu dienen. Denn die Inkas waren davon überzeugt gewesen, dass Wiraccocha eines Tages wiederkehren werde. Auch die Indios aus Mittelamerika warteten auf die prophezeite Rückkehr Quetzalcoatls über den großen Ozean. Dieser Glaube an die Rückkehr der großen, weißen Brüder, die mystischen Gottesmänner, erklärt, weshalb Cortez als wiederkehrender Gott gefeiert wurde, was den Untergang der Inkas, aber auch der Azteken zusätzlich beschleunigte.[100]

Verzweiflung und Unruhe machten sich im Inkareich breit. Von überall her kamen angsterregende Berichte von übernatürlichen Ereignissen, Erdbeben, Kometen und Mondringen. Als schließlich ein von Falken verfolgter Adler, der König der Vögel leblos auf dem großen Hauptplatz von Cuzco mitten in die adelige Gesellschaft fiel, wusste man, dass das Ende des Imperiums kurz bevorstand.[101]

Zur Sommersonnenwende 1432 hatte sich die Pforte der Ahnen geschlossen, es war der Zeitpunkt, den Wiraccocha für das Ende der Zeit vorhergesehen hatte. Bei seinem Studium des Sternenhimmels über Cuzco an jenem Tag stellte Sullivan fest, dass die Milchstraße kaum noch am Horizont sichtbar war. Nur im Süden stand das himmlische Lama, während die Flut der Zeit bereits anstieg.[102]

Das Warten auf das Wiedererwachen der Saat

Die Mythen der Inkas waren Gedächtnisstützen der Geschichtsschreibung der Andenvölker. Dieses Vermächtnis war so angelegt, dass es auch den Untergang ihrer Kultur, die mit der neuen Sonne eintreten würde, überleben konnte. Auch die mythischen Verweise auf die Ereignisse am Sternenhimmel waren mnemotechnische Hilfsmittel. Wie bereits erwähnt, glaubten die Inkas, dass die Welt aus Mustern bestand, die mit denen einer höheren Form der Intelligenz übereinstimmten[103], und legten ihre Tempel als Ebenbild dieser Übereinstimmungen an. Als Gottessaat blickten sie zum Himmel, um die Führung und die Absicht des Schöpfers zu erahnen.

Wie Sullivan aufzeigt, entwickelte sich das Inkareich parallel zu bedeutenden wichtigen astronomischen Ereignissen. Die großen Umbrüche in der Geschichte der Inkas stimmten damit überein, wie die Sonne an den Sonnenwenden die Milchstraße durchwanderte. Diese Synchronizität begann bereits 200 v. Chr., als die Sonne erstmals am Tag der Sonnenwende in der Milchstraße aufging. In den Mythen der Inkas wird diese Zeit als das Öffnen der Brücke zum Land der Götter bezeichnet, über die Wiraccocha in diese Welt gelangte. Die Zivilisation entwickelte sich und Tiahuanaco blühte, bis es 650 n. Chr. von den Wari überrannt wurde. Zu dieser Zeit durchlief die Sonne erstmals nicht mehr die Milchstraße bei der Junisonnenwende – die Pforte der Götter hatte sich geschlossen. Als der Huayna Capac Inka schließlich 1544 starb und die Milchstraße zu keiner Sonnenwende mehr sichtbar war, endete die Zeit. Die Spanier kamen und verwüsteten das Land.

Die rationale westliche Weltsicht macht für den Untergang des Inkareichs daher extreme Verblendung und Fatalismus verantwortlich. Doch ist diese Interpretation viel zu vereinfachend und kurzsichtig. Die Kultur der Inkas war schamanistischer Natur. Die schamanistische Form der Wahrnehmung musste dazu in langer und harter Ausbildung erlernt werden. Vielleicht waren die Inkas, wie Sullivan meint, gar nicht so fatalistisch, sondern vielmehr in der Lage, die höhere Ordnung im Chaos zu erfassen.[104] Wie auch immer, das Ende ihres Zeitzyklus' wurde von einschneidenden, irdischen und kosmischen Ereignissen geprägt, die den bevorstehenden Fall ihrer Kultur andeuteten.

Nach Huayna Capacs Tod brach ein Bürgerkrieg aus, in dem zwei seiner Söhne um die Macht kämpften. In der Zwischenzeit litt das ganze Land unter einer Pockenplage. Ihr kosmologisches Verständnis brachte die Inkas schließlich dazu, sich ihrem Schicksal zu fügen. Daraus folgte, dass die Eroberung durch die Spanier ebenso rasch und brutal vor sich ging, wie die der Wari 900 Jahre früher. Mit nur 175 Mann eroberte Francisco Pizarro ein Reich von über 6 Millionen Einwohnern.

Bei ihren Eroberungszügen zerstörten die von der katholischen Kirche geführten Spanier systematisch alle Zeugnisse des Inkaglaubens: alle *Wakas* der Ahnenlinien, jeden *Intihuatanastein*, praktisch alle Kultstätten und *Quipus*. Sie fielen in Heiligtümer ein und vergewaltigten die Sonnenjungfrauen. Sie beschlagnahmten die Terrassen und Bewässerungssysteme, ohne sie jedoch zu erhalten. So wurde die Verbindung der

Menschen zu den Sternen unterbrochen, da die Sonnenwenden und Tagundnachtgleichen, die so wichtig für die spirituelle Vision gewesen waren, nicht mehr genau bestimmt werden konnten. Mehr noch, die Bande zur eigenen Geschichte wurden dadurch gekappt. Statt des gewohnten Überflusses setzten Hunger- und Dürreperioden ein. Die Konquistadores waren von blinder Gier und Arroganz getrieben, die auf ihrer Doktrin moralischer Überlegenheit basierte. Sie folgten nur zwei Interessen: Unterwerfung und Gold.

In Zentralamerika bot sich ein ähnliches Schauspiel wie in Peru, obwohl die Zivilisationen beider Gegenden sogar lange nach ihrer goldenen Zeit in vieler Hinsicht wesentlich fortgeschrittener und progressiver waren als die europäischen.[105] Seitdem der Vatikan erklärt hatte, dass die amerikanischen Eingeborenen keine Menschen seien und demnach keine Seele hätten, war auf der blinden Suche nach dem einzigen Gott, dem Gold, alles erlaubt. Allein aus Cuzco schleppten die Spanier tonnenweise Goldgegenstände fort, und außergewöhnlichste Kunstgegenstände wurden eingeschmolzen, um in plumpen Barren nach Europa geschafft zu werden.[106] Vieles davon endete in den Schatzkammern des Vatikans, der die Eroberer als Gegenleistung weiterhin unterstützte.

Ihr Endziel war, den Geist des Volkes zu brechen. Es wurde all seiner Habseligkeiten entledigt, versklavt, geschlagen und seine Religion wurde verboten. Trotz all dieser Gewalt starb die Saat nicht, doch ging sie – wie wir heute sagen würden und es dabei wohl kaum besser treffen könnten – in den Untergrund, wo sie seither in den Untiefen des Unbewussten auf die Rückkehr des Lichts wartet.

4. Kapitel

Anden-Prophezeiungen
für ein neues Zeitalter

1949 nahm ein Anthropologe aus Cuzco namens Dr. Oscar Nuñez del Prado in Paucartambo in den östlichen Anden Südperus an einem Fest teil. Zufällig hörte er dort zwei Indios voll königlicher Würde miteinander sprechen. Er war sehr überrascht, als er sich ihnen etwas näherte und begriff, dass sie in reinem Quechua miteinander sprachen. Da die gesamte Fachwelt zu jener Zeit davon überzeugt war, dass diese Urform des Quechua längst ausgestorben sei, erhoffte sich Nuñez del Prado nicht zu Unrecht, von diesem Stamm auch andere Überlieferungen der alten Inkas zu erfahren.[107]

1955 organisierte Oscar Nuñez del Prado deshalb die erste westliche Expedition zum Stamm der Q'ero, von dem noch etwa 600 Mitglieder in fünf kleinen Dörfern wie ihre Vorfahren in über 4.000 Metern Höhe lebten.

Auch heute noch hüten die Q'ero ihre Herden je nach Jahreszeit hoch in den Bergen oder tiefer in den Tälern. Hier unten bauen sie am Rande des Urwaldes Mais und anderes Getreide an, während ihr Vieh in den Bergen weidet. Sie spinnen und weben ihre Kleider nach Art der Inkas. Die Q'ero sind einfache Bauern und ausgezeichnete Weber. Auch sie wurden unterdrückt und mussten harte Zeiten durchstehen, doch gelang es ihnen, die Schlüssel des alten mystischen Pfades der Anden zu bewahren. Dadurch, dass sie seit etwa zwanzig Generationen völlig abgeschieden in ihren hohen Andendörfern lebten, überlebten – mehr als in anderen Andenstämmen – ihre Traditionen und Anschauungen die Spanier, die Inquisition und die Indoktrinierung der katholischen Kirche, deren ursprüngliche Weltsicht im Übrigen durch kulturellen Austausch und Anpassung verloren ging.

Viele glauben sogar, die Q'ero seien direkte Nachkommen der Inkas.[108] So mag die übrige „Saat" der früher gesäten Kultur wohl von ihren Eroberern versklavt, aber vielleicht nie ganz besiegt worden sein. Manche wählten den Weg der Isolation. Wie in Wayus Geschichte im 1. Kapitel wurde die Saat tief in der Erde vergraben, wo sie eine lange dunkle Nacht hindurch wartete, um eines Tages wieder im Licht einer neuen Sonne zu erwachen.

Andenlehren

Viele Menschen haben dazu beigetragen, die Lehren der Q'ero und die Elemente der Andenmystik zusammenzutragen und der Welt zugänglich zu machen. Zu ihnen gehört auch der Anthropologe Alberto Villoldo, der mehrere Jahre lang bei Meistern der Q'eros lernte und die Four Winds Society gründete, die der Erhaltung der Q'ero-Lehren gewidmet ist. Americo Yabar ist ein Mestize und ebenfalls von den Q'ero ausgebildeter Praktiker. Er reist durch die ganze Welt, um ihre Lehren zu verbreiten. Die Autorin Joan Parisi Wilcox ist selbst Andenpriesterin und beschäftigt sich mit der Mystik der Q'ero, um sie in ihrem Werk einer breiteren Bevölkerungsschicht zugänglich zu machen. Die Autorin Elizabeth Jenkins ist Leiterin der Wiroquocha Foundation, welche zur Erhaltung der Urkenntnisse der Indios beiträgt und Seminare über den Glauben der Q'ero organisiert. Wilcox und Jenkins wurden zuerst von Juan Nuñez del Prado, dem Sohn des Anthropologen Oscar ausgebildet, der die Q'ero entdeckt hatte. Auch Juan ist ein Andenpriester, der von den Q'ero und einer Priesterschaft der Inkas ausgebildet wurde, deren Vorfahren ebenfalls die spanischen Eroberungszüge überstanden hatten. Durch Seminare und die Vermittlung ihrer Erfahrungen mit den Q'ero, die unser herkömmliches Denken übersteigen, erweckten sie die Weltsicht der Inkas wieder zum Leben und ließen sie fassbar werden.

Immer mehr Andenvölker versuchen sich seither ihres mystischen Erbes zu besinnen. Andenpriester halten antike Riten an heiligen Stätten der Inkas ab. Die Lehren, die diese Riten begleiten, wurden seit Generationen von den Q'ero bewahrt. Sie wurden in aller Diskretion und mündlich innerhalb der Priesterschaft überliefert. Aspekte der antiken Riten und des alten Glaubens waren lange Zeit hinter der Maske der katholischen Kirche versteckt worden, was uns als Besucher in den lateinamerikanischen Kirchen auf den ersten Blick auffällt.

Die Mystik der Anden ist ungeheuer reich. Jedoch schon um ihre Grundlagen erfassen zu können, müssen wir das Kistchen der begrenzten Sinneswahrnehmung verlassen, um die Welt nicht mehr nach unserer Vorstellung der Realität, sondern in Form lebendiger Energiefelder zu sehen. Dazu müssen wir zunächst einmal lernen, die Energie zu erkennen, die allen Formen innewohnt. Juan Nuñez del Prado zeigt seinen Schülern, wie dies nicht mit den körperlichen, sondern mit dem spirituellen dritten Auge geschieht. Die Andenvölker nennen diese direkte Wahrnehmung, die den Austausch mit der Energiewelt ermöglicht, *Gawag*.[109]

Heute haben wir ein wesentlich besseres Bild von der Weltanschauung der Inkas und anderer Völker des peruanischen Hochlands. Die Weltsicht der Q'ero und das mystische Vermächtnis der Anden bestätigen, dass die Inkas ein völlig anderes Wirklichkeitsverständnis hatten als wir. Für sie gab es mehrere Realitäten. Yabar nennt unsere gewöhnliche Welt der linearen Zeit *Panya*[110], während die Welt der außergewöhnlichen Wahrnehmung, welche auf mehreren Ebenen zugleich existiert und energetisch durch direkte Erfahrung wahrgenommen werden kann, *Yoge* heißt. Diese Ebenen sind komplementäre Lehrpfade der Andenmystik. Der linke Pfad des *Yoge* ist wilder und birgt praktische Geheimnisse wie das Heilen. *Panya*, der rechte Pfad entspricht unserer linken Gehirnhälfte, ist dementsprechend strukturierter und birgt die Geheimlehren der Mystik und der Riten.[111] Für die Andenvölker ist die ganze Natur belebt. Das gilt auch für Objekte wie Häuser, Webereien, Werkzeuge und Maschinen. In dieser Hinsicht ist es interessant anzumerken, dass die Forscher der Grenzwissenschaften sich heute fragen, ob das Bewusstsein nicht ein Teil der Materie ist.

Für die Q'ero kann die Energie eines Gegenstandes jedoch nicht nur wahrgenommen werden, sondern es kann auch zu einer Wechselbeziehung kommen. Das Energieuniversum wird auf Quechua *Kausay Pacha* genannt. Die lebende Energie des *Kausay Pacha* ist weder positiv noch negativ, doch gibt es Schwankungen hinsichtlich Dichte, Feinheit, Gewicht und vielen anderen Aspekten innerhalb eines Energiefelds.

Das *Kausay Pacha* existiert nun seinerseits innerhalb einer dreischichtigen Kosmologie. Jeder Existenzebene kommen bestimmte energetische Eigenschaften zu. Die erste Ebene heißt *Ukhupacha* (wobei - *pacha* im Quechua für Kosmos oder Welt steht) und ist die innere oder Unterwelt. Sie existiert sowohl in der Erde, in der individuellen Psyche als auch im Kosmos. Obwohl sie keineswegs mit der Hölle des Christentums verglichen werden kann, finden sich hier die schwersten und grobschlächtigsten Energien. Bei diesen Energien kann es sich auch um Gedankenformen und unsichtbare Geister handeln.

Die zweite Ebene wird *Kaypacha* genannt und umfasst die alltägliche, stoffliche Wirklichkeit. Die Pflanzen- und die Tierwelt, Wasser, Erde und Himmel sind alle Teil des *Kaypacha*. Auch die *Pachamama*, die große kosmische Mutter, der weibliche Aspekt der kosmischen Energie und die Quelle allen Lebens gehört dieser Ebene an, in der feinstoffliche und schwere Energien zugleich existieren. Die Vorstellung der *Pachamama* ist durchaus mit dem Gaia-Konzept zu vergleichen, das die Erde als lebenden Organismus versteht. Diese Idee wird durch die Beobachtungen James Lovelocks gestützt, der feststellte, dass unser Planet sich durch diverse Kohlen-, Stick- und Sauerstoffsysteme und verschiedene Zyklen selbst regulierte. Dennoch handelt es sich hierbei nur um einen Teil der *Pachamama*, die die Materie des gesamten Universums umfasst.

Die dritte Ebene der Andenphilosophie ist die höhere Welt der feinsten Energien, das *Hanaqpacha*. Hier gibt es nur zutiefst spirituelle Wesen, die wir als Götter, Engel, Heilige oder gottähnliche Menschen wahrnehmen. Wunder wie die Marienerscheinungen in Fatima, Lourdes oder Medjugorje sind Beispiele einer kollektiven Erfahrung der höheren Welt.

Die mystischen, außergewöhnlichen Wirklichkeiten der *Yoge* und *Panya*, die keiner dieser Ebenen angehören, finden außerhalb der linearen Zeit statt und können nur durch feinsinnigere Schichten unseres Wesens erreicht werden. Auch wenn viele alte Lehren der Inkas nicht überlebt haben, so sind einige Q'ero – wie manche Inkas vor ihnen – in der Lage, in mehreren solcher Wesensschichten zu existieren. Während eine in unserem herkömmlichen Raum-Zeit-Gefüge verkehrt, agieren andere in der heiligen, der Traum- oder der Ritualzeit.[112]

Der Begriff des Schamanen hat heute eine breitere Bedeutung. In der Regel wird er verwendet, um damit auserwählte Menschen zu bezeichnen, die nach langer Ausbildung solche höheren Bewusstseinsebenen erreichen können. Ihre Wahrnehmung von *Yoge* und *Panya* ist keineswegs auf Schamanen und Mystiker beschränkt. In vielen Kulturen war die Ekstase auch der breiteren Bevölkerung zugänglich.

Jeder Mensch kann lernen, zwischen feinstofflichen und schweren Energien zu unterscheiden und die Energien von Menschen, Orten und Gegenständen wahrzunehmen. Wer spürt nicht die Spannung, die zornige oder verwirrte Menschen ausstrahlen oder das subtile Energiefeld, welches sich in Tempeln oder Meditationsräumen aufgebaut hat.

In einem in der Zeitschrift *Magical Blend* veröffentlichten Artikel schrieb Joan Parisi Wilcox über Alberto Villoldos Untersuchungen der Weltsicht der Q'ero:

> *„Das Glaubenssystem der Q'ero ist noch weitgehend unverdünnt und unverschmutzt von Logik, Verstand und Gewalt. [...] Sie verfügen noch immer über die Gefühlsebene der Erkenntnis und haben ihre mythologisch fundierte Wahrnehmung noch nicht wie wir durch eine kognitive Sicht ersetzt.*
>
> *[...] In kultureller und sicher auch schamanistischer Hinsicht gibt es für sie keine kartesianische Trennung von Subjekt und Objekt, zwischen innerer und äußerer Welt, Bezeichnetem und Bezeichnendem, Weltlichem und Heiligem. Vor allem daher gelingt es ihnen, die Fesseln der kausalen*

*Welt so leicht abzulegen und scheinbar mühelos aus der
linearen Zeit in die nicht-lineare, polychrone Zeit einzutreten. Sie haben das Gefühlswissen nie verloren und verfügen über eine synästhetische Wahrnehmung, die die Eindrücke ihrer fünf Sinne ergänzt. Fühlen sie z.b. die Textur
eines Berges, wenn sie ihn betrachten, so nehmen sie das
Ganze war. Das Ganze ist jedoch bei weitem nicht so li-
near und kausal wie die fragmentierte Weltsicht der westlichen Welt es oft zu erzwingen versucht.* " [113]

Andenmeister haben gelernt, gefahrlos in den Welten von *Yoge*
und *Panya* zu navigieren. Nach einer bestimmten Zeit kann eine solche Mehrdimensionalität zur zweiten Natur werden – das ist allein eine
Frage der Wahrnehmung. Der Unterschied zwischen den meisten Menschen und solchen mit schamanistischen Fähigkeiten liegt im Entwicklungsgrad der Wahrnehmung. Schamanen unterscheiden Bewusstseinszustände, die wir uns oft nur schwer vorstellen können, da sie
über ein besonderes Konzentrationsvermögen verfügen, eindeutige Zie-
le haben und so ihre Wirklichkeit formen können. Wir hingegen lassen uns von ihr bestimmen.

Um uns in anderen Realitäten zurechtzufinden, müssen wir
zunächst unser Bild von uns und unseren Mitmenschen revidieren.
Die gesamte Erziehung unserer Eltern und unserer Kultur basiert auf
den Paradigmen der gewöhnlichen Wirklichkeit. So lernten wir, unseren fünf Sinnen, besonders unserem Sehsinn zu vertrauen. Wir glauben, dass Dinge, die wir nicht sehen oder sichtbar machen können,
nicht existieren. Wir haben uns also in den Schranken der linearen
Zeit festgefahren. Was wäre jedoch, wenn wir die Welt energetisch
und mehrdimensional wahrnehmen könnten? Erfahrungen außerhalb
der linearen Zeit tut unser Verstandesdenken meist als Unfug ab. Sie
können sich bei Meditationen, durch die Inspiration der Künste oder
aber mittels der Pforten zur höheren Welt einstellen. In solchen Augenblicken erfahren wir die wahre Essenz der Existenz, was die Q'ero
und vor ihnen die Inkas als *Kausay Pacha,* das Energieuniversum bezeichneten.

Glücklicherweise ist diese Art der Wahrnehmung nicht nur den wenigen treuen Anhängern vorbehalten, die die Entbehrungen des schamanistischen Weges auf sich nehmen. Diese weitere Wirklichkeitsperspektive kann erreicht werden, indem wir uns nach und nach unserer selbstbeschränkenden Vorstellungen entledigen.

Der von den Q'ero ausgebildete Americo Yabar schreibt, wir sollten zuerst versuchen, wieder die innere Verbindung zur kosmischen Mutter, der *Pachamama* herzustellen, um die Doktrinen des westlichen Denkens zu überwinden. Dieses basiert auf der mechanistischen Theorie René Descartes', nach der das Universum vorhersehbar ist, und die um 1600 vielleicht revolutionär gewesen sein mag. Eigentlich sollten wir dieses vereinfachende Verstandesdenken heute hinter uns lassen. Zumindest theoretisch wissen wir, dass Geist und Materie implizit miteinander verbunden sind. Doch scheint sich das mechanistische Weltbild in unserem Gesellschaftssystem festgesetzt zu haben. Unsere Aufgabe ist es nun, die kartesianische Spaltung in unserer Psyche zu überwinden, da sie uns von der Brust der göttlichen Mutter des Alls gerissen hat.

In einem Interview mit Hal Zina Bennet, der Autorin von *Shaman's Drum* beschreibt Yabar die Situation folgendermaßen:

> *„Die Botschaft der Q'ero ist, dass wir uns wieder unseres kosmischen Ursprungs besinnen. Das betrifft den Geist der* Pachamama *und der Erde ebenso wie den Geist unserer Berge oder* Apus *und den Geist der Sterne.*
>
> *Wir wissen, dass die Anden eine Quelle unglaublich starken, spirituellen Lichts sind, das dem Erwachen unseres Planeten und dem Wirken einer neuen Welt entgegenarbeitet. [...]*
>
> *Schon jetzt vernetzen sich die Lichtstrahlen dieser Energie auf der ganzen Erde. Dennoch bedarf es noch einiger Meditation und Überlegung. Es gibt viele Formen der Meditation. Ich spreche hier vor allem vom Einssein mit Mutter Erde, wenn wir uns im Schoße der* Pachamama, *der kosmischen Mutter fühlen. Diese Form der Meditation beginnt damit, sich des Umstands bewusst zu sein,*

dass wir uns nach wie vor an ihrem Busen nähren und all unsere Stärke allein vom Wohlwollen der Natur abhängt.

Fühlen wir erst einmal die Gegenwart der Pachamama, *so beginnen wir uns auch unserer Aufgabe auf diesem Planeten bewusst zu werden. Deshalb arbeiten wir mit der kosmischen Mutter aller Mütter.*" [114]

Demnach ist das Konzept der *Pachamama* unumgänglich für das Erlangen einer mehrdimensionalen Wirklichkeit.

Eine weitere hilfreiche Komponente ist das Prinzip der Gegenseitigkeit bzw. der Energieaustausch. Dieser basiert auf der Vorstellung der Andenvölker von einer die Stofflichkeit überschreitenden Energie und betrifft unsere Beziehung zu Mensch und Natur. Das Ziel ist absolute Harmonie in allen drei Ebenen der Existenz (*Ayni*) zu erreichen.

Ayni bedeutet, andere an unserer Liebe teilhaben zu lassen, wobei dies sich nicht nur auf Menschen, sondern auch auf Tiere, Bäume, kurz die Erde selbst bezieht. Auch wenn dies ohne jegliche Erwartungen geschieht, lässt uns *Ayni* bei jeder dieser Handlungen wieder Energie in den verschiedensten Formen zukommen.

Antonio Morales, einer von Villoldos Q'ero-Lehrern beschreibt das *Ayni*-Prinzip folgendermaßen:

„Die Sonne ist unser aller Vater, die Erde unsere Mutter, beide wurden von Illa Tici Viracocha [Wiraccocha] geschaffen, der weder männlich noch weiblich, sondern reinste Energie ist. [...] Dies ist die Grundlage des Andenschamanismus. Sie beinhaltet zugleich das Prinzip der Gegenseitigkeit. Wir lassen der Pachamama, Mutter Erde, unsere Ayni zukommen und sie schenkt uns Fruchtbarkeit und Wohlstand, weil sie sich darüber freut. Wir geben Vater Sonne unsere Ayni und er schickt uns Wärme und Licht. Die Apus, die großen Gipfel der Berge schenken uns Kraft für unsere Arbeit, der Himmel schenkt uns Harmonie. Lass deinen Mitmenschen Ayni zukommen, und sie werden dich dafür achten. Es ist ein wunderbares Prinzip.

Es heißt, der Schamane lebt in perfekter Ayni – das Universum reagiert auf jede seiner Handlungen und schickt ihm seine Absicht zurück, so wie er selbst seinen Mitmenschen ein Spiegel ist. Deshalb lebt der Schamane in Einklang mit der Natur. Seine Welt spiegelt seinen Willen, seine Absichten und Taten wider." [115]

Für Morales kommt die perfekte *Ayni* direkt aus dem Herzen und ist keinerlei Analyse unterzogen. Nur dann wird die Welt wirklich zu einem Spiegel unserer Liebe und unserer Handlungen. Dieses alte und bedeutende Prinzip floss auch in die Love and Peace-Bewegung der Sechzigerjahre ein. Sangen die Beatles da nicht auch: „That the love you take is equal to the love you make." [116] Die Andenvölker sahen ihre Existenz innerhalb eines energetischen Universums. Das Ziel allen Handelns war ein harmonischer Energieaustausch zwischen uns, den anderen und der Natur. Nach einer Weile wird das *Ayni* automatisch, wird zur Lebensweise und erweitert unsere gesamte Wahrnehmung. Morales schreibt dazu:

„Schließlich betreiben wir Ayni, weil wir gar nicht anders können, da sie tief in unseren Herzen steckt. Es heißt, Ayni sei nur dann vollendet, aber ich glaube, dass Ayni immer perfekt ist und unsere Welt immer unsere Absichten, Taten und unsere Liebe widerspiegelt. Das ist zwar nur meine Meinung, aber ich halte sie für sinnvoll. Unsere Welt hängt von unserem Bewusstsein und unserem Seelenleben ab." [117]

Wandeln wir in perfekter *Ayni*, ist alles heilig. Wir denken, handeln, sprechen, empfinden durch das geschärfte Verständnis der heiligen Natur aller Existenz. So spiegelt die Welt auch unser wahres Selbst wider, das ebenso heilig ist.

Auch die Vorstellung, dass alle Beziehungen Formen des Energieflusses sind, ist für das Verständnis der Weltsicht der Anden wesentlich. Jede Beziehung kann drei Schritte durchlaufen, die alle energetisch wahrgenommen werden können. Dies gilt ebenso wie das

Verhältnis zwischen Raubtier und Beute, Lehrer und Schüler, zwei Ebenbürtigen, zwei Staaten oder Liebenden.

Der erste Schritt ist das Treffen, *Tinkuy*. Zwei Energiefelder nehmen Kontakt miteinander auf, sie berühren sich. Wollen sie miteinander verkehren, gehen sie eine Verbindung ein und beginnen sich zu vernetzen. Besonders in unbekannten Beziehungen kann eine solche erste Verbindung das Gefühl der Unsicherheit erzeugen.

Die zweite Stufe, die in unserer westlichen Welt oft schon zur Konfrontation führt, nennt das Quechua *Tupay*. Die Beziehung zwischen zwei einander unbekannten Wesenheiten muss jedoch keineswegs unfreundlich oder aggressiv verlaufen, sondern sollte eher ein Abschätzen der anderen und der Interaktionsmöglichkeiten sein. Diese Idee wird oft durch die Geschichte zweier Indios dargestellt, die einander auf einem Pfad begegnen und einander abschätzen, während sie sich anblicken, den Geruch des anderen wahrnehmen und seine Körpersprache zu interpretieren suchen.[118] Keiner von beiden sieht darin ein aggressives Verhalten. In den Andenvölkern misst man seine Kraft in freundschaftlichem Wettkampf und lernt so seine Gegner besser kennen. Dabei kann, muss es aber nicht unbedingt einen Sieger geben. Sie versuchen nicht, wie dies so häufig bei uns der Fall ist, dem anderen immer um eine Nasenlänge voraus zu sein. Gibt es einen Besseren, so tritt die dritte Ebene, das *Taqe* in Kraft, bei der es darum geht, dass jeder Sieger zum Lehrer des Verlierers wird. Während dieses Schritts vermischen sich die beiden Energiekörper und eine Art Kommunion findet statt. Dadurch erreichen die Lichtkörper der beiden gegenseitiges Verständnis und eine neue Ebene der Zusammenarbeit.

Die Führer der Inkas demonstrierten das *Taqe* in der Praxis mit den eroberten Völkern, die so zu wirklichen Bestandteilen des Imperiums wurden. Andere Kulturen durften ihren Glauben und ihre Bräuche beibehalten. Es gab nahezu hundert verschiedene Volksgruppen im Inkareich, von denen jede ein gutes Dutzend Dialekte benutzte. Die individuellen Traditionen wurden geachtet, die Menschen behielten ihr Land, hatten genug zu essen und lernten überdies neues Wissen dazu.

Die Inkas praktizierten das *Taqe*, um verschiedene Energiefelder mit dem Ziel der Entwicklung der Menschheit zu vereinen.

So erhöhte man das Bewusstsein und erweiterte das Wahrnehmungsfeld. Geben die Andenmeister ihre Lehren heute an uns weiter, so geschieht dies im Sinne des *Taqe*. Sie lassen uns an ihren Prophezeiungen teilhaben, da für sie die Zeit des *Taqe Onkay*, des Vernetzens der
Völker angebrochen ist.

Andenprophezeiungen

Der Kern aller Andenprophezeiungen ist das *Pachacuti*. *Pacha*
bedeutet „Kosmos" oder „Erde", während *cuti* „umkrempeln" oder „zu-
rechtsetzen" heißt. Deshalb wurde dieser Name auch dem neunten Herrscher der Inkas verliehen, der Machu Picchu erbauen ließ und das große
Reich der Kinder des Lichts gründete. Er hatte nicht nur die Grundlagen der Gesellschaftsordnung erneuert, sondern auch das fünfte Weltzeitalter der Inkas eingeleitet, welches absurderweise auch ihr Ende
nach sich zog. Das *Pachacuti* brachte die Spanier und den Niedergang
des Imperiums mit sich. In einem ebenso kurzen wie gewaltigen Sturm
wurde die höchste kulturelle Ordnung der Anden durch ein völlig anderes System ersetzt.

Sprechen die Andenprophezeiungen nun von einem neuen *Pachacuti*, so sind das keine Weltuntergangsvisionen, sondern es geht vielmehr um einen völligen Neubeginn der Menschheit, um ein „goldenes
Jahrtausend auf Erden".[119] Sie erzählen von einem neuen Potenzial, welches durch das „Heraustreten aus der Zeit"[120] freigesetzt wird. Dies ist
keine bloße Metapher, sondern ein konkretes Lebensziel für die Menschen.

Treten wir nämlich aus der Zeit, lassen wir nicht nur die Fesseln
der Vergangenheit, sondern auch unseres Raum-Zeit-Gefüges fallen.
Dadurch können wir uns ein völlig neues Leben schaffen. Die Prophezeiungen sprechen von einer „Träne im Gewebe der Zeit".[121] Die
Ältesten der Anden sagen, es handle sich dabei um ein Wahrneh-
mungsphänomen, das eine ungeheure Chance für die Menschheit darstellt. Sind wir erst einmal imstande, unsere beschränkenden Ansichten loszulassen, wird sich uns der Glanz all unserer Möglichkeiten so

offenbaren wie einst den alten Inkas, und wir werden erkennen, wer wir wirklich sind: göttliche Saat des Lichts.

Die Andenprophezeiungen gehen davon aus, dass sich die großen Pforten zu den anderen Dimensionen wieder öffnen. Americo Yabar nennt das neue *Pachacuti* die „Zeit der neuen Saat". Die daraus hervorgehende neue Menschheit wird in der Lage sein, das Universum in einem völlig neuen Licht zu sehen. Wir werden aus der linearen Zeit heraustreten. Wenn wir durch die heiligen Pforten in eine andere Dimension treten, haben wir die Gelegenheit, wie Wayu unser volles menschliches Potenzial zu entfalten.

Die Prophezeiungen sprechen auch von der Zeit des *Mastay*, in der die Völker der vier Himmelsrichtungen sich aufeinander abstimmen werden. Die Q'ero und andere Andenvölker erteilen ihre Lehren, um die Welt auf das große *Mastay* vorzubereiten. Für sie ist die Zeit gekommen, in der der Große Adler aus dem Norden wieder mit dem Großen Kondor des Südens fliegt.[122]

In den Anden wird das Fest des *Mosoq Karpayk* gefeiert, bei dem die Saat des *Pachacuti* in die Lichtkörper der Teilnehmer gepflanzt wird. So wird jeder Einzelne wieder mit der Kraft der uralten Ahnenschaft der Saat Wiraccochas in Verbindung gebracht. Jede Saat birgt die Lichtkodes des Inka, dieses in direktem Kontakt zu den Sternen stehenden Gottmenschen.

Viele Wege führen zur Erkenntnis, die die göttliche Saat in uns keimen lässt. Die in unserem tiefen Inneren verborgenen Samen können durch das Gebet (das heilige Wort), durch Zeremonien und Riten (die heilige Tat) oder durch die *Ayni* (das heilige Sein) zu neuem Leben erweckt werden. Eine Grundvoraussetzung dafür ist jedoch, dass wir die Kluft überwinden, die unsere westliche Welt von der Natur trennt. Um zu erwachen, müssen wir die Grenzen des kartesianischen Weltbilds sprengen, damit wir uns wieder mit der kosmischen Mutter vereinen können. Nur so können wir ein zweites Mal vom Baum der Erkenntnis kosten.

Alberto Villoldo meint sogar, dass die westliche Welt erst einmal mit dem Mythos aufräumen muss, aus dem Garten Eden verstoßen worden zu sein: „Wir sind die einzige Religion der Welt, die glaubt, aus dem Paradies verjagt worden zu sein. Alle „primitiven" Völker haben unmittelbaren Zugang zum Eden. Sie lustwandeln in diesem Garten, reden mit Bäumen und Flüssen, und diese antworten ihnen."[123]

Haben wir diesen Mythos der Erbsünde überwunden, bedarf es auch keiner selbstverneinenden Theologie und Psychologie mehr. Wir sind wieder zum Ganzen des Ursprungs zurückgekehrt. Wir müssen uns in Einklang mit der *Pachamama* versetzen und ihr unsere höchste *Ayni* weihen, um die Saat zu nähren. Dies mag unsere wichtigste Aufgabe als Individuum und menschliche Gemeinschaft sein.

Das holistische Verständnis der Andenvölker von der Bedeutung der zwischenmenschlichen Beziehungen bezieht sich auch auf andere Menschentypen und Kulturen. Sie teilen die Menschen in drei Gruppen ein: Die *Yachay* verfügen über Wissen, die *Munay* über Liebe und Gefühl und die *Llankay* über die Fähigkeit der Verwirklichung. Während die Europäer vor allem dem *Yachay* angehören, seien die Nordamerikaner durch ihre Tendenz zum starken Auftreten in der äußeren Welt eher *Llankay*, während Südamerikaner eher zum Menschentyp des *Munay* gehören. Wichtig ist hierbei, dass kein Typ besser als ein anderer oder in sich vollständig ist. Sie ergänzen sich vielmehr gegenseitig. Erst wenn alle drei harmonisch zusammenarbeiten, wird es eine vereinte Menschheit geben.

Am wichtigsten ist jedoch, dass diese drei Ebenen Verstand, Körper und Herz im Menschen selbst ins Gleichgewicht gebracht werden. Auch dies symbolisieren die drei Steine in den Herdfeuern der Mayas. Es steht uns also viel Arbeit auf individueller wie auch auf kollektiver Ebene bevor. Für diesen Weg hat uns die Andenphilosophie viel zu bieten. Sie unterstreicht den kooperativen Aspekt in Beziehungen, durch den alle von den Erkenntnissen der anderen profitieren können. Nur durch diesen Geist des Austauschs werden wir als Individuen aber auch als menschliche Gemeinschaft Erfüllung finden.

Die Prophezeiungen sprechen von wichtigen Ereignissen auf kollektiver Ebene. Obwohl wir alle individuell daran arbeiten müssen, unsere Horizonte zu erweitern und unsere *Ayni* zu vollenden, wird der Sprung zur nächsten Bewusstseinsebene die ganze Menschheit betreffen. Dazu müssen wir gemeinsam an unserer Beziehung zur Natur, der *Pachamama* arbeiten.

So erklären die Prophezeiungen die Prinzipien der *Ayni* durch die Gegenseitigkeit in zwischenmenschlichen Beziehungen. Zum tieferen Verständnis der Andenprophezeiungen ist es jedoch hilfreich, wenn wir die Entwicklung der Bewusstseinsebenen verstehen, die den universellen Weg der Andenspiritualität ausmachen.

Hier ist die Rede von sieben Schritten. In ihrem Buch *Initiation* schreibt Elizabeth Jenkins von ihrer Arbeit mit Juan Nuñez del Prado und seiner Lehre der verschiedenen Bewusstseinsebenen. Demnach befindet sich der Großteil der Menschheit noch auf der dritten Stufe, die von Angst, Konflikten, Gewalt und spiritueller Armut charakterisiert wird. Da die Außenwelt lediglich ein Spiegel unseres Inneren ist, erscheint diesen Menschen das Universum tatsächlich voller Zerstörung und Bosheit. So erzeugen wir unser eigenes Karma, da die Zukunft uns die Dinge erleben lässt, die wir heute in Bewegung setzen. Wir werden die nächste Bewusstseinsebene demnach erst dann erreichen, wenn wir Angst, Gewalt und spirituelle Armut in uns selbst überwunden haben.

Haben wir diese schweren Energieformen abgelegt, wird es uns leichter fallen, die emotionellen Wunden unserer Energieleiber zu heilen, die wir uns durch unsere eigene, aber auch durch die Geschichte unserer Vorfahren zugezogen haben. Dazu gehört auch das Überwinden der begrenzten Ansichten unserer Erziehung, Kultur und verschiedenen Reinkarnationen, ein Punkt, auf den die Tolteken besonderen Wert legen.

So schwer dies auch scheinen mag, es ist keineswegs unmöglich. Eine wichtige Hilfe dabei ist die Arbeit mit dem unsichtbaren Universum der Energien. Um diesen Bereich jedoch harmonisieren zu können, müssen wir zuerst unser Verhältnis zur *Pachamama* wieder ins Lot bringen und uns den Energien der höheren Sphären öffnen. Kontakt zu solchen Energieformen können wir vor allem an heiligen Stätten aufnehmen, an denen Öffnungen zur höheren Welt existieren. In der vierten Bewusstseinsebene lernen wir, die Energie einzelner Menschen, ganzer Gruppen oder heiliger Plätze wahrzunehmen und mit ihr zu arbeiten. Ein weiterer wichtiger Entwicklungsschritt auf dieser Ebene ist das Vertrauen auf einen höheren Willen, dem wir uns hingeben. Lassen wir ihn die Führung übernehmen, leitet uns die Energie selbst.

Um diesen Schritt zu vollziehen, müssen wir die verschiedenen Energien in uns selbst in Einklang bringen. Diesen Zustand nennen die Q'ero *Yanantin*. Eine Bedingung dafür ist das Gleichgewicht unserer männlichen und weiblichen Energien und die absolute *Ayni*. Dazu gehört die Liebe der *Pachamama*, der Nächsten und der gesamten Menschheit. Ist all dies erreicht, beginnt das Potenzial der fünften Bewusstseinsebene zu erwachen.

Die meisten Mystiker der Anden gehen davon aus, dass es heute kaum Menschen gibt, die diese Ebene erreicht haben, da dazu das persönliche Karma überwunden werden muss. Sicher verkörpern die großen Heiler und Lehrer unserer Zeit, wie z.B. der Dalaï Lama oder Sai Baba diese fünfte und noch höhere Ebenen. Ihre Existenz in den Reihen der großen Familie der Menschheit stellt sicher einen Wendepunkt in unserer Geschichte dar, auch wenn es immer schon große Lichtwesen auf Erden gegeben hat. Je mehr Menschen die fünfte Bewusstseinsebene erreichen, desto näher kommen wir einer kritischen Wende auf der Spirale der menschlichen Entwicklung. Das Licht, welches durch den Involutionsprozess tief in die Materie eingedrungen ist, beginnt seinen Aufstieg. Lehrer dieser Ebene arbeiten mit der Energie ihrer Schüler, harmonisieren bestimmte Energien und erwecken neues Licht. Sie sind in der Lage, Überreste alten Karmas in einem Menschen und negative Elemente aus der Menschheit zu entfernen, um einen globalen Wandel möglich zu machen.

Laut Juan Nuñez del Prado sagen die Prophezeiungen der Anden voraus, dass bestimmte Menschen beim Jahresfest des Schneesterns, dem Q'ollorit'I, das hoch in den Anden abgehalten wird, die fünfte Bewusstseinsebene erreichen werden, wenn die Gruppenenergie groß genug ist.[124] Die Prophezeiung erläutert, dass der erste Mann aus dem Q'ollorit'i-Fest hervorgehen und zur Stadt Urcos wandern wird. Dort wird er den zweiten Mann am Tor einer Kirche in der Nähe des Wiraccocha-Tempels treffen. Zusammen werden sie nach Cuzco und nach Lima reisen, wo sie den dritten und den vierten Mann treffen werden. In Lima stößt auch die erste Frau der fünften Bewusstseinsebene auf die vier. Von hier brechen sie nach Arequipa auf, um die zweite Frau zu finden. (Mit ihrem androgynen Schöpfergott war die Kultur der Inkas nicht patriarchal. Jeder Inkakönig hatte sein weibliches Gegenstück, die keine Mitregentin war, sondern in komplementären Bereichen wirkte. Es war also kein Zufall, dass der König durch die Sonne, die Königin durch den Mond dargestellt wurden.) Von dort bringt sie die Reise zum Titicacasee, wo sie die dritte Frau treffen werden, um schließlich den Kreis der Acht in Cuzco durch die vierte Frau zu vollenden. Diesen acht Menschen der fünften Bewusstseinsebene gesellen sich zwei Paare aus dem Norden hinzu, um die Gruppe der ersten Zwölf zu bilden. So werden sie zum Tempel Wiraccochas zurückkehren, um hier das alte Krönungsritual zu feiern.

Es heißt, der letzte Inka, Huayna Capac, der Enkel des großen Pachacuti Inka, sei während eines solchen Krönungsrituals in der Tempelanlage Wiraccochas auserwählt worden. Diese besteht aus zwölf kleineren Tempeln, von denen jeder einer königlichen Linie der Inkas geweiht ist. Für die Zeremonie kamen zwölf Inkas, einer aus jeder Königslinie zusammen, um ihren nächsten Führer, den Sapa Inka zu wählen. Der Erwählte sollte nicht nur der beste Führer, sondern auch der spirituell Fortgeschrittenste sein. Dieser hohe spirituelle Entwicklungsgrad steckt schon im Wort Inka. Der Legende nach begann einer der Kandidaten gegen Ende der Feier in glänzendem Licht zu strahlen, so als ob Wiraccocha selbst den nächsten Anführer der Inkas auserwählt habe. Diese Fähigkeit Licht auszustrahlen, ist eines der Kennzeichen der sechsten Bewusstseinsebene. Wer große indische Weise besucht hat, wird bestätigen, dass solche Heiligen von innen heraus zu strahlen scheinen.

Manche meinen, dass alle elf Herrscher der Inkas und ihre Frauen, die *Goyas,* die sechste Bewusstseinsebene erreicht hatten. Die siebte Ebene übersteigt schließlich unser aktuelles Fassungsvermögen.

Die fünfte Bewusstseinsebene und die Aussicht auf ein Goldenes Zeitalter

Wie andere Mythen und Legenden entsprechen auch die Prophezeiungen der Anden einem ganz bestimmten Weltbild. Die Prophezeiungen sagen, dass der neue Inka in der sechsten Bewusstseinsebene fähig sei, die Kräfte der Welt wieder ins Gleichgewicht zu bringen. Erst dann würde das Goldene Zeitalter der Menschheit anbrechen. Dieses Goldene Zeitalter, welches auch andere Mythen der Welt vorhersagen, nannten die Inkas *Taripay Pacha*, das Zeitalter, in dem wir uns selbst wiederfinden. Wir haben es hierbei jedoch vielmehr mit einer Möglichkeit als mit einer Sicherheit zu tun. Bezüglich des Beginns dieses neuen Zeitalters scheiden sich die Geister: Die Andenmeister gehen davon aus, dass das alte *Pachacuti* im August 1993 endete,[125] da für sie hier die sechste Sonne begonnen habe. Andere meinen, das sechste Zeitalter beginne erst 2012, während Miguel Ruiz, ein *Nagual* der Tolteken, es auf den Januar 1992 festlegt.[126] Die Q'ero hingegen haben ein völlig anderes Bild von den Weltzeitaltern, welches allem Anschein nach auf einen frühen katholischen Priester zurückgeht, der eine Zeit bei ihnen lebte.[127]

Die Andenmeister sind sich jedoch darin einig, dass es eine gewisse Übergangszeit geben wird, in der die fünfte Bewusstseinsebene in die Menschheit gelangt. Sie sind jedoch davon überzeugt, dass sie sich 2012 eindeutig offenbaren wird. Zugleich wird sich das sechste Bewusstseinsniveau abzeichnen und der neue Sapa Inka wird erkannt werden. Dann erst beginnt das *Tairpay Pacha*. Dieses Goldene Zeitalter leitet die siebte Sonne ein, in der die Kinder des Lichts zu vollem Bewusstsein erwachen werden.

Jede neue Schwelle stellt somit eine Gelegenheit kollektiver Bewusstseinserweiterung dar. Wir haben es also nicht nur mit ein paar Individuen, sondern mit einem bedeutenden Teil der Menschheit zu tun.

Die Weissagung geht sogar davon aus, dass die gesamte Menschheit dieses fünfte Bewusstseinsniveau zugleich erreichen wird, dass es sich also in der Tat um eine simultane, kollektive Erfahrung handeln wird. Heißt es auch, dass der erste der Zwölf aus dem Q'ollorit'i-Fest der Feier des Schneesterns hervorgehen wird, so verweist dies nicht nur auf ein Ereignis unserer physischen Wirklichkeit, sondern ist vor allem ein Zeichen für die Bereitschaft eines Teils der Menschheit. Ist genug Gottessaat erwacht und hat die Ängste und negativen Aspekte der dritten und vierten Ebene hinter sich gelassen, so sind die Bedingungen geschaffen, die das Aufkeimen in der fünften Bewusstseinsebene ermöglichen.

Weiter heißt es in den Prophezeiungen, dass diejenigen, die diese fünfte Ebene erreicht haben, aus allen Himmelsrichtungen und von heiligen Stätten der Inkas kommen werden. Nachdem der erste Mann im Osten beim Q'ollorit'i-Fest erscheint, zieht er mit der wachsenden Gruppe zuerst in den Süden (Urcos), dann in den Westen (Cuzco), von dort in den Norden (Lima), um den Kreis abermals zu beschreiben, wenn sich die weisen Frauen der Gruppe anschließen. Demnach erscheinen die ersten acht Brüder und Schwestern gleichzeitig wie einst die ersten Geschwister des Lichts. Nachdem sich dieser Urgruppe noch zwei Paare aus dem Norden angeschlossen haben, um das Dutzend voll zu machen, begeben sie sich ins Licht des Wiraccocha-Tempels, die Quelle aller Schöpfung, um hier als erleuchtete Wesen das heilige Ritual zu tanzen.

Eine Interpretation dieser Prophezeiung meint, die zwölf Menschen stünden für das erwachte Bewusstsein der Menschheit. Eine andere Auslegung geht davon aus, dass es sich bei den ersten Acht um die Nachfahren der heiligen Saat handelt, die einst von den Elohim gesät wurde, während die vier aus dem Norden ein göttliches Eingreifen bedeuteten, da der Norden in der Andenkosmologie auch für die Milchstraße stehen konnte.[128] Demnach würde das erweiterte kollektive, menschliche Bewusstsein mit einem höheren verschmelzen, welches von vier Avatars, Geschwistern von einer anderen Wirklichkeitsebene überbracht wird.

Natürlich lässt auch die Zahl Zwölf die verschiedensten Assoziationen zu. Interpretationen reichen hier von den zwölf Sternzeichen über die zwölf Stämme Israels zu den zwölf Königslinien der Inkas, dem neuen Adam Kadmon.

Selbst die Ursprünge des Schneesternfestes sind geheimnisumwoben. Diese Zeremonie wird jedes Jahr zum Mai- oder Junivollmond am Fuße eines riesigen Gletschers in über 5.000 Metern Höhe abgehalten. Auch wenn wir wissen, dass es sich hier um einen sehr alten Kult handelt, entgeht uns die genaue Bedeutung des Festes, da die *Quipus*, die Knotenfäden der geschichtlichen Aufzeichnungen zerstört wurden. Legenden erzählen von der Erscheinung eines Knaben, der in einem blendenden Blitz in einem Felsen verschwunden sei, auf dem er sein Antlitz hinterlassen habe. Die mystische Erscheinung wurde weithin als Vorbote der messianischen Wiederkehr der Inkas, der Sonnenkinder interpretiert.[129]

Die Feierlichkeiten decken sich zeitlich mit dem antiken Fest der Rückkehr des Siebengestirns. Juan Nuñez del Prado erzählt, dass die Plejaden über dieses Fest wachen und als *Taqe* fungieren, welches die verschiedenen Energiefelder zusammenführt. Er ist sicher, dass das Siebengestirn starken, kosmischen Einfluss auf die Erde ausübt und hilft, verschiedene Lebensenergien zu einem kollektiven Ganzen zu formen.[130]

Im kommenden Goldenen Zeitalter wird die Saat der Kinder des Lichts zu voller Blüte gelangen und das höhere, menschliche Bewusstsein wird große, göttliche Boten wie Kondor und Kolibri anziehen. Wir wissen, dass die Inkas im Kondor einen Boten der Höheren Welten sahen. Er ist der Hüter der stärksten Energiefelder. Der Legende nach kommt der heilige Kolibri, um über den Köpfen der Erleuchteten zu schweben, vom süßen Nektar ihrer Erleuchtung zu kosten und die heiligen Blüten des neuen Bewusstseins zu bestäuben. Als weiterer Gottesbote trägt er die Nachricht der menschlichen Erleuchtung zu den höheren Welten. Schließlich wird die Blume des neuen Bewusstseins der Menschheit neue Saat hervorbringen, deren Frucht den Weg der siebten Ebene beschreiten wird.

Da dieses neue Bewusstsein sich nun auszubreiten beginnt, rät Nuñez del Prado allen, die vom Licht dieses heiligen Erwachens gekostet haben, selbst *Taqes* zu werden und die verschiedenen Energiefelder zusammenzuführen, da es unsere Aufgabe ist, unsere Geschwister an diesem Licht teilhaben zu lassen.

5. Kapitel

Das Erwachen

A nlässlich des neuen Jahrtausends wurde viel von dem neuen Zeitalter, dem New Age geredet. In vielerlei Hinsicht sind die sechste Sonne und das Wassermannzeitalter bereits angebrochen. Doch besteht noch immer viel Verwirrung um den genauen Beginn des Wassermannzeitalters, weil wir nicht einmal den Beginn des Zeitalters der Fische genau bestimmen können. Wir erwähnten bereits, dass die Zeitalter durch die Kreisbewegung der Erdachse bedingt werden. Demnach dauert ein Zeitalter astronomisch gesehen 2.160 Jahre. Da das Zeitalter der Fische zwischen 144 v.Chr. und 496 n. Chr. begann, bricht das des Wassermanns in der ersten Hälfte des 21. Jahrhunderts an.

Die Symbolik dieser beiden Zeitalter lässt zahlreiche Schlüsse auf die Kräfte zu, die in der Welt wirken. Das Zeichen der Fische wird durch zwei Fische dargestellt, von denen jeder in eine andere Richtung schwimmt. C.G. Jung interpretierte dies als Zeichen gegensätzlicher Kräfte. Ein Fisch stünde demnach für das spirituelle Streben in der ersten Hälfte des Zeitalters, während der zweite die materialistische Versuchung verkörpert.[131] Der Wassermann oder Wasserträger hingegen versinnbildlicht unseren Ausbruch aus dem Unbewussten in die Welt der Ganzheit und Integration.

Das Ende des Zeitalters der Fische entspricht ziemlich genau dem des Kalenders der Maya, wenn – wie wir bereits darlegten – die lateinamerikanischen Urvölker die Zeitalter auch etwas anders berechneten und darstellten.

Dort ging jedem neuen Weltzeitalter ein *Pachacuti*, eine Zeit großen Wandels voraus. Nach den Andenlehren sei das Anfangsstadium dieses *Pachacuti* im August 1993 zu Ende gegangen. Dies war zugleich die erste Phase des neuen Taripay Pacha, der „Zeit der Selbsterkenntnis". Die zweite Phase soll einem wichtigen Teil der Menschheit die fünfte und sechste Bewusstseinsebene öffnen, was jedoch ein gewisses individuelles Erwachen voraussetzt. Die Andenmeister gehen davon aus, dass dieser große Wandel sich um 2012 vollziehen wird. Natürlich sind mythische Kalenderdaten nicht immer unbedingt wörtlich zu verstehen. Den Zahlen kam in früheren Kulturen oft reiner Symbolwert zu.

Es ist keineswegs ein Zufall, dass auch der Kalender der Mayas am 21. Dezember 2012 zu Ende geht. Die vierte Sonne der Mayas (die fünfte der Inkas) geht unter und schließt den großen Saatzyklus von 5.125 Jahren, der 3112 v. Chr. begann. Die Mayas sagen voraus, dass dieses Ende von starken Erdbeben begleitet wird. Aber auch dies kann ebenso symbolisch für einen großen, kulturellen Umbruch verstanden werden. Erinnern wir trotzdem daran, dass es sich bei der Überlagerung der Sonnenwende mit dem Mittelpunkt unserer Galaxie um einen Zeitpunkt handelt, der die Möglichkeit zu großem, spirituellen Wandel birgt.

In dieser Hinsicht sollte auch erwähnt werden, dass es bereits im Jahr zuvor, am 24. Dezember 2011 zu einer äußerst seltenen Planetenkonstellation kommen wird. An diesem Tag werden alle Planeten unseres Sonnensystems in einem Winkel von 30 Grad zueinander stehen. Statistisch gesehen kommt es zu einem solchen Ereignis nur alle 45.200 Jahre.[132] Offenbar sahen auch die Mayas diese Konstellation voraus, was das Jahr 2012 zu weit mehr als dem Ende dieses Präzessionszyklus werden lässt. Es ist ein umwälzendes galaktisches Ereignis.

Die Zeichen des aktuellen *Pachacuti* häufen sich, und der Wandel unseres Planeten wird immer offensichtlicher. Die Welt scheint verrückt zu spielen: Dürreperioden, Überschwemmungen, Wirbelstürme, Erdbeben usw. Darüber hinaus brennen die Regenwälder in rasantem Tempo nieder und die Anzahl der Tierarten nimmt ständig ab. Als mögliche Gründe werden der Treibhauseffekt, Nukleartests, El Niño, Sonnenflecken, die Ausbreitung der technischen Zivilisation u.v.a. angeführt. Was auch immer die Ursachen sein mögen, eines steht fest:

126

Unser Planet ist tatsächlich einem enormen Wandel unterzogen. Trotzdem ist das *Pachacuti* eigentlich eher eine kulturelle als eine physische Umwälzung.

Vor über 25 Jahren schrieb Frank Waters von den psychischen Parallelen physischer Veränderungen. Für ihn sind Revolutionen in zahlreichen Ländern der Welt, der Umbruch wirtschaftlicher, religiöser und gesellschaftlicher Werte, ja sogar das wachsende Interesse der Weltbevölkerung an UFOs Zeichen für einen massiven psychischen Wandel, die typisch für das Ende bzw. den Anfang einer Präzessionsperiode sind.[133] Zu diesem Thema meinte Jung, dass eine Neuordnung in der Konstellation psychischer Dominanten, die er Archetypen nannte, lange wirkende Veränderungen auf das kollektive Unbewusste bewirke.[134]

Interessanterweise wurde das Umdenken zu einem Großteil durch die technischen und wissenschaftlichen Errungenschaften der Neuzeit notwendig gemacht, die uns dazu zwingen, unsere Weltsicht zu revidieren, um die Menschheit mehr zu einen. Die Erfahrung einer neuen, weitsichtigeren Wirklichkeit hat bereits begonnen.

Das Erwachen des menschlichen Hologramms

Don Miguel Ruiz meint, wir seien ganz nach den Vorhersagen des Kalenders der Azteken am 11. Januar 1992 in die sechste Sonne gelangt. An diesem Tag habe er sich mit einer Gruppe Studenten in Teotihuacan befunden und gesehen, wie das Licht der Sonne sich tatsächlich verändert habe. Er sagt, es hätte eine schnellere Schwingung angenommen und sich verfeinert.[135] Er meint, dieser Umstand beeinflusse sogar die Struktur der DNA der gesamten Menschheit, ja allen Lebens auf diesem Planeten. Hier seine Erklärung:

> *„In unserer DNA steckt eine bestimmte Schwingung, die von der Sonne kommt und sich in uns materialisiert. Jedem Wesen auf der Erde, vom Menschen bis zum Stein, entspricht eine bestimmte Lichtfrequenz der Sonne. Jede Pflanze, jedes Tier, jeder Virus, jede Bakterie hat so eine*

*eigene Frequenz. Diese wird von Mutter Erde kondensiert,
und die Information des Lichtes verstofflicht sich. Auf diese Weise gelangt stilles Wissen in verschiedene Lebensfor-
men. Jedes Lebewesen hat seine eigene DNA. Die genau-
en Unterschiede konnte die Wissenschaft bisher noch nicht
ermitteln.* " [136]

Auch die jüngsten Erkenntnisse der Teilchenphysik tragen zur
Infragestellung unseres aktuellen Weltbildes bei. Obwohl die Vorstellung des Lichts als Informationsträger auf die Antike zurückgeht, deckt
die Wissenschaft immer mehr Fakten auf, die diese esoterische Wahrheit stützen. So zeigen z.B. die physikalischen Grundlagen des Holo-
gramms, dass das Licht komplexe Informationen unmittelbar übertragen und „speichern" kann. Das holographische Modell zeigt wohl am
besten, wie das planetare Erwachen heute vor sich geht. Werfen wir
daher einen genaueren Blick auf das Hologramm:
    · Hologramme sind dreidimensionale Bilder, die durch bestimm-
te Interferenzmuster erzeugt werden. Sie werden erzeugt, indem ein
Laserstrahl durch einen Strahlenbrecher gespalten wird. Der so genannte Referenzstrahl wird dann durch eine Linse gesandt, die einen
Lichtkegel erzeugt, der über Spiegel auf eine Fotoplatte gestrahlt wird.
Der zweite, der so genannte Arbeitsstrahl wird durch eine andere Linse auf das zu fotografierende Objekt gerichtet. Treffen beide Strahlen
wieder aufeinander, erzeugen sie durch die Interaktion ihrer Lichtwellen das oben genannte Interferenzmuster. Wird dieses Muster auf einem Film festgehalten, entsteht ein Hologramm. Besonders interessant
ist hierbei der Umstand, dass durch ein erneutes Belichten durch den
Referenzstrahl der Eindruck entsteht, den fotografierten Gegenstand
dreidimensional vor sich zu haben. Dies ist nur deshalb möglich, weil
der Arbeitsstrahl, der auf das Fotoobjekt gerichtet war, den Gegenstand
gewissermaßen in seinen Lichtwellen aufgezeichnet hat.
    Lange meinte man, nichts könne schneller sein als Licht. Auch
wenn es noch keinen experimentellen Beweis für das Gegenteil gibt,
so behaupten bestimmte Theorien, es gäbe Teilchen, die sich schneller
als das Licht fortbewegen. Sie werden Tachyonen genannt. Wir wissen,

dass elektromagnetische Wellen wie Radiofrequenzen oder Röntgen-strahlen Informationen in einer Geschwindigkeit von fast 300.000 Kilometern pro Sekunde übertragen können. Noch beeindruckender ist jedoch vielleicht der Umstand, dass Laserstrahlen in der Lage sind, höchst komplexe Informationsmuster in Form von Hologrammen zu speichern und sogar unmittelbar zu übertragen, ohne den Schranken der Lichtgeschwindigkeit zu unterliegen, wenn sie in Form von Tachyonen oder anderen Teilchen gesandt werden.

Ebenso überraschend ist die Tatsache, dass jedes Teil des Holo-gramms die Information des Ganzen in sich trägt, was dieser Technik zu-sätzliche Symbolkraft verleiht. So kann das Hologramm mit seinen Mög-lichkeiten zumindest als Metapher zum Verständnis unserer Schöpfung dienen. Es könnte aufzeigen, dass irgendwo in unserer DNA ein Kode für höhere, ja göttliche Intelligenz verborgen ist, wenn die Elohim tatsäch-lich unsere Vorfahren waren. In der Bibel heißt es, der Mensch sei nach dem Ebenbild Gottes geschaffen. Aus dem Hologramm lernen wir, dass in jedem Menschen eine Kopie Gottes steckt, wenn Gott selbst das Vor-bild war. Dieses Muster kann jeder von uns benutzen, um eine authenti-sche und kraftvolle Vorstellung unseres wahren Wesens zu erlangen.

Das Gefühl ungetrennter Ganzheit

So können wir unsere Zellen als immense Informationsspeicher verstehen. Jede Zelle besteht aus Molekülen, jedes Molekül aus Ato-men, die sich wiederum aus Elektronen, Neutronen und Protonen zu-sammensetzen. Aus Einsteins bekannter Formel $E = mc^2$ haben wir gelernt, dass Energie in Materie umgewandelt werden kann und die Energie eines Stoffes dem Produkt aus seiner Masse und dem Qua-drat der Lichtgeschwindigkeit entspricht. In dieser Hinsicht bergen sogar kleinste Teilchen Materie ungeheuer viel Energie. Während man jedoch früher meinte, Elektronen seien Materieteilchen, so zeigen neu-este Erkenntnisse der Physik, dass dies nicht immer zutrifft, sondern dass sie sich auch wie Lichtwellen verhalten können. Man hat sich heute darauf geeinigt, dass sie wie alle Materie zugleich in stofflicher als auch in Wellenform existieren. In der Welt der Quantenphysik scheint es nun, als existierten diese Elementarteilchen (Elektronen inbegriffen) gar nicht wirklich. Wirklich existieren demnach nur Beziehungen, Verhältnisse und Tendenzen innerhalb einer vielfachen Auswahl von Möglichkeiten. So würde ein Quantenphysiker wohl sagen, ein Elektron sei, wie alle anderen subatomaren Teilchen auch, nichts Anderes als ein „wahrscheinlicher Dichtezustand". Hier wird ersichtlich, wie sehr die moderne Physik selbst eine objektive, physische Wirklichkeit in Frage stellt. Was die Wissenschaft, die die gebildete Welt für wirklich erachtete, bis vor kurzem noch als subatomares Reich bezeichnete, existiert vielleicht gar nicht.

Die Physik geht davon aus, dass Materie nichts anderes ist als eine Reihe verschobener Muster, und dass die subatomaren Teilchen nicht aus Energie bestehen, sondern Energie *sind*. So können wir die subatomare Welt der Elektronen, Protonen und Neutronen als Schwingungsmuster verstehen, die Rupert Sheldrake als morphogenetische Felder bezeichnet, womit er organisierende Einheiten meint, die der Struktur eines Systems unterstehen.[137]

Wir wissen, dass wir Materie in Energie umwandeln können. Wir verbrennen Holz und erzeugen Wärme. Wir können anhand Einsteins Formel berechnen, wie viel Wärme ein Stapel Holz erzeugen wird. Auch das Umgekehrte ist wahr: Energie kann verstofflicht werden. Laserlicht kann Paare von Teilchen und Antiteilchen erzeugen. Man beobachtete, wie kosmische Strahlen, stark geladene Lichtphotonen, ihre Form änderten und zu Materie wurden. Licht, Röntgenstrahlen und Radiofrequenzen können alle wieder zu Teilchen zurückgebildet werden. Werden ihre Wellen verlangsamt, werden sie zu einer Masse, der bestimmte Welleneigenschaften bleiben.

Auch das Licht kann als Welle oder Strom von Teilchen betrachtet werden. Wir wissen, dass Photonen Energie übertragen, die in einem ganz bestimmten Verhältnis zur Lichtfrequenz steht. Je höher die Frequenz, desto mehr Energie wird übertragen. So verfügen ultraviolette und Röntgenstrahlen z.B. über hohe Frequenz und hohe Energie, während Infrarotstrahlen oder Radiowellen niedrige Frequenzen und wenig Energie besitzen.

Kaum minder überraschend als die ätherischen Eigenschaften der Materie ist wohl der Umstand, dass erst der Beobachter die Möglichkeit der Mikrowelt schafft. In langjährigen Experimenten konnte bewiesen werden, dass die beobachtete Einheit durch das Beobachtungssystem und den Beobachter ihre Form verändert. Demnach hinge es einzig und allein von der Beobachtungsart ab, ob das Beobachtete als Welle oder als Teilchen wahrgenommen werde. Es scheint sich bei dieser dualen Zustandsform der Materie jedoch weniger um eine Eigenheit der Teilchen als um eine Eigenschaft der experimentellen Beobachtung zu handeln. Niels Bohr, der Vorreiter der Quantenphysik zeigte auf, dass ein Teilchen erst durch Beobachtung zu einem solchen wurde. Wir müssen also davon ausgehen, dass wir nichts beobachten können, ohne es dadurch zu verändern. Brenda J. Dunne und Robert G. Jahn von der Princeton Universität zeigten überdies auf, dass sich dieser Umstand nicht allein auf den Mikrokosmos der Quantenphysik beschränkte. Durch eine Reihe gut dokumentierter Experimente konnten sie aufzeigen, dass unser Verstand und unsere Absicht das Ergebnis von Ereignissen beeinflussen können.[138]

Die Folgen dieser Entdeckungen sind weitreichend und von großer Bedeutung für unsere alltägliche Welt und alle zwischenmenschlichen Beziehungen. Sie zeigen, dass unsere bewusste Absicht Dinge und Ereignisse bewirken kann, die wir wahrnehmen wollen, kurz, dass wir uns unsere eigene Wirklichkeit schaffen.

Darüber hinaus scheinen die jüngsten Theorien der Wissenschaft darauf hinauszulaufen, dass die gesamte Materie, die Menschen eingeschlossen, Formen des Lichts darstellt. In seinem Buch *Vibrational Medicine* bezeichnet der Physiker Richard Gerber die Materie als „erstarrtes Licht", Licht, das langsamer wurde und sich dadurch verfestigte. Ein Quantenphysiker würde dem vielleicht entgegenhalten, dass das Licht nicht langsamer werden kann und es sich immer mit derselben Geschwindigkeit fortbewegt. Es ist jedoch vielmehr so, dass die Photonen des Lichts durch Energieübertragung absorbiert werden. Gerber unterstreicht, dass Atome in erster Linie Leerräume sind. Diese werden von Lichtpaketen erfüllt, welche sich manchmal stofflich verhalten.[139]

Bestehen unsere Körper zumindest metaphorisch gesehen aus erstarrtem Licht, so verfügen sie dennoch über die Eigenschaften des Lichts, d.h. sie haben eine bestimmte Frequenz. So könnten wir uns die Materie auch als Licht mit erhöhter Dichte vorstellen. Sogar die moderne Physik geht also eigentlich davon aus, dass der Mensch aus materialisiertem Licht besteht.

Hierbei sollten wir erwähnen, dass Gerbers Konzept des erstarrten Lichts keineswegs nur metaphorisch zu verstehen ist. Gerber beschreibt die Zellvorlage des Körpers als komplexes Energieinterferenzmuster, welches mit dem organisierenden, bioenergetischen Feld des ätherischen Körpers vernetzt ist. Demnach wäre unser Körper ein Energiefeld, das aus mehreren Schwingungssegmenten besteht. Max Planck belegte, dass eine höhere Lichtfrequenz auf höhere Energie schließen lässt. Das gilt auch für die Materie, da wir nun sehen konnten, dass auch sie (und das nicht nur auf Quantenebene) aus Wellen besteht und über ihre eigenen Frequenzen verfügt. So hat eine weitere wissenschaftliche Enthüllung unser Bild von der physischen Welt radikal verändert. Durch einfache Gleichungen konnte Louis de Broglie die unsichtbaren Wellenlängen der Materie ermitteln. Die Feststellungen der Quantenphysik, nach denen alle Materie, auch die des menschlichen Körpers, aus Lichtwellen besteht, bringen uns wieder zurück zu den antiken Lehren, die uns sagen, die Menschen seien aus Licht geschaffen, sie seien Kinder des Lichts.

Der Nobelpreisträger der Physik David Bohm schrieb über die „implizite Ordnung des holographischen Universums". Er sieht das ganze Universum als ein in ständiger Wandlung begriffenes, kosmisches Hologramm, welches aus verschiedenen Informationsschichten besteht. Jede Schicht birgt eine höhere Informationsordnung, der ein bestimmter Raum-Zeit-Aspekt angehört. Eine solche höhere Ordnung können wir uns als Bewusstsein vorstellen, welches sich in Wellenform verstofflicht. Da es sich jedoch um ein Hologramm handelt, enthält jedes Segment die Information des gesamten Universums. Daraus folgt, dass alles von Bewusstsein durchdrungen ist. Das Licht ist Medium und Botschaft zugleich.

Bohms Arbeit im Bereich der Quantenphysik zeigt, dass sich im subatomaren Bereich alle Punkte eines Raumes decken und deshalb eigentlich nichts voneinander getrennt ist. Diesen Umstand nennt er

Nicht-Lokalität. Das wenige Jahre später vom Schweizer Physiker J. S. Bell aufgestellte Theorem lieferte den mathematischen Beweis der Nicht-Lokalität.[140] Beziehen wir die Nicht-Lokalität auf das Verhalten von Lichtteilchen an einem bestimmten Punkt im Raum, so erklärt dies die nicht voneinander unterscheidbaren und ineinander vernetzten Lichtwellen.

Diese komplexen Theorien wollen uns also zeigen, dass in unserem Universum alles miteinander verbunden ist und nichts isoliert besteht. Außerdem erklären sie, wie Information schneller als Licht übertragen werden kann. Sind zwei Photonen z.B. nicht-lokal miteinander verbunden, so kann die Kommunikation zwischen beiden unmittelbar sein, da sie gar nicht wirklich voneinander getrennt sind.

All diese Entdeckungen der Quantenphysik decken sich mit den Andenprophezeiungen zur Entwicklung des menschlichen Bewusstseins. Für Bohm ist die Welt ein „ungetrenntes Ganzes", da alles nicht-lokal miteinander verbunden ist. Insofern scheint allein die holistische Weltsicht dieser Vernetzung des Universums wirklich gerecht zu werden. Es ist schlichtweg überholt, unsere Welt als Konglomerat voneinander unabhängiger Teile zu sehen. Im Lichte der modernen Wissenschaft ist die kartesianische Weltsicht also absolut irreführend.

Darüber hinaus befindet sich das holistische Weltbild in Einklang mit den antiken Lehren aus aller Welt, nicht zuletzt auch denen der Inkas. Wayu hatte verstanden, dass sie nichts als Energie oder Licht war und sah ihre gesamte Umgebung als Energie, die in verschiedenen Frequenzen schwang. Für sie waren alle verschiedenen Energiefelder miteinander verbunden. Sie konnte die Schwingungen verschiedenster Herkunft wahrnehmen – von den Sternen bis zu den Bergen. Das Universum war beseelt und kommunizierte ständig mit Wayu und der anderen Welt. Sie empfing ihre Information nicht in logisch definierten Stücken (teilchenartig in Lichtgeschwindigkeit), sondern als ungetrenntes Ganzes. Sie hatte Zugang zum Quantenpotenzial. Buddhistische und hinduistische Lehren weisen uns schon lange darauf hin, dass alle Existenz ein Energietanz der Formen ist und dass dieser Tanz eine pausenlose Verflechtung von Form und Formlosem ist. Heute bestätigen uns dies die Forschungen der Grenzwissenschaften.

Die Entfaltung des Adam Kadmon

Ein Laserstrahl ist eine der geordnetsten, einheitlichsten Strukturen der Natur. Das so gebündelte, kohärente Licht ist stärker, da die einzelnen, identisch scheinenden Wellen einheitlich zusammenwirken. Als spirituelle Wesen können auch wir zu kohärentem Licht werden, wenn wir erst einmal aus unseren energieverschwendenden Verhaltensmustern ausgebrochen sind und gelernt haben, unsere Energie wirksam einzusetzen. Wir müssen, so Carlos Castaneda, einwandfrei mit unserer Energie umgehen lernen.[141] Das heißt, dass wir in all unseren Taten unser Bestes geben und unsere Energie auf diese Weise optimal einsetzen sollten. Nur dann können wir unsere Achtsamkeit auf unsere wahre Essenz als Lichtwesen lenken und unser volles Potenzial der Gottessaat entwickeln. Der Weg zur Erleuchtung führt über einen Pfad, der wie das Laserlicht präzise auf sein Ziel zustrebt.

Unser verstecktes, menschliches Potenzial entfaltet sich. Die höhere Bewusstseinsordnung, die den nächsten Schritt in der Entwicklung der Menschheit darstellt und uns zu einer höheren Lichtfrequenz führt, ist bereits in Gang gesetzt. Das neue Licht der sechsten Sonne ist ein Katalysator, der die verborgenen Möglichkeiten der Saat befreien soll.

Es scheint, als ob dieses Potenzial in unserer DNA selbst stecke. So gliche der menschliche Körper einem Hologramm und wäre eine Inkarnation des Lichtes in der Materie nach dem Abbild eines größeren, kosmischen Hologramms. Oder mit anderen Worten, die spirituelle Vorlage der Menschheit, Adam Kadmon, entfaltet sich holographisch in uns. Wir wissen, dass unser Körper über 100 Billionen Zellen zählt. Jede davon verfügt über ein vollständiges DNA-Set, das in 23 Chromosomen angelegt ist. Unsere DNA ist ein Mikrouniversum, das in einer fortlaufenden Kette von gut 2 Metern und 3 Milliarden Komponenten angelegt ist. Wissenschaftler haben entdeckt, dass nur den wenigsten dieser Komponenten eine erkennbare Aufgabe in unserem aktuellen Paradigma zukommt. Nur etwa 3 % sollen tatsächlich funktionell sein. Liegt in den übrigen 97 % der so genannten Rest-DNA das verborgene Potenzial der Menschheit? Und wenn sich hier die Kodes der höheren Evolutionsordnung der Menschheit befänden?

Der Autor Gregg Braden glaubt, dass unser gesamter Planet einen Wandel zu einer höheren Frequenz erfahre, der den bisher unbenutzten Teil unserer DNA aktivieren könnte. Er stellt die Theorie auf, dass der Umstand, komplexeren und kürzeren Wellenlängen ausgesetzt zu sein, neue Kombinationen der Aminosäuren, der Bausteine der DNA zulässt. Da der Mensch genetisch durch Art und Anlage der Aminosäuren bestimmt ist, kann eine Veränderung auf dieser Ebene die Grundlage einer neuen Lebensform der Menschheit bilden.[142]

In dieser Hinsicht ist auch der Hinweis der Evolutionsbiologin Elizabeth Sahtouris interessant, die aufzeigt, wie die DNA sich im Laufe der Entwicklung scheinbar intelligent an veränderte Umweltbedingungen anpasste.[143] Damit wären bestimmte Mutationen gar kein „Zufall". Vielleicht ist unsere DNA in der Lage, bestimmte Informationen zu verarbeiten und ihre Struktur bewusst zu verändern. Dieser hierdurch bedingte Mutationsprozess wäre schließlich für den Evolutionswandel der verschiedenen Gattungen verantwortlich.

Diese Idee wurde auch von Edgar Mitchell, dem Begründer des Instituts für noetische Wissenschaften, aufgegriffen. In einem Vortrag über Wissenschaft und Bewusstsein verwies er auf jüngste europäische Forschungsergebnisse zur Mutation von Viren. Demnach sei die DNA lernfähig.[144]

Ganz gleich, ob wir uns dem „neuen Licht" nun von der metaphorischen oder wissenschaftlichen Seite nähern, wir stoßen immer wieder auf die Frage seines Ursprungs. Wie bereits erwähnt, steht die Sonne der Dezembersonnenwende am Ende des aktuellen Präzessionszyklus erstmals seit 25.800 Jahren wieder vor dem Mittelpunkt unserer Galaxie. Einige meinen, dass dies einen neuen Kommunikationszyklus mit dem galaktischen Zentrum ermögliche, welches etwa 23 Lichtjahre entfernt im Herzen der Milchstraße liegt. Ist wirklich etwas an dieser Theorie, so würde das bedeuten, dass sich auch das Licht des neuen Präzessionszyklus verändern würde und dem menschlichen Hologramm neues Potenzial zur Verfügung stellen könnte.

Der Mythos von der menschlichen Gottessaat besagt, dass der Same erwachen und keimen wird, wenn er von einem neuen Licht erleuchtet wird. Legenden von einem wiederkehrenden Goldenen Zeitalter oder einer Rückkehr ins Paradies finden wir in zahlreichen Kulturen. Sie sind ein wichtiger Bestandteil der meisten Religionen: das hinduistische Shambala, der große, weiße Bruder des Goldenen Zeitalters, welches dem aktuellen Kali Yuga folgen soll, das Goldene Zeitalter der Andenmeister und das Paradies auf Erden der jüdisch-christlichen Lehren. Es scheint also, dass diese Zeit des großen Erwachens allerseits mit Ungeduld erwartet wird.

Das Reifen der Gottessaat

Dieses Erwachen ist jedoch vielleicht ganz anders als erwartet. Unsere Entwicklung zu einer Gattung des Lichts ist noch in ihrem Anfangsstadium. Um mit dem Bild der Bibel zu sprechen, stünden wir gerade erst am Beginn des sechsten Schöpfungstages. Wir haben den verdienten Ruhetag also noch nicht erreicht, da das göttliche Entstehen noch in vollem Gange ist. Wir werden uns langsam aber sicher wieder der ungetrennten Ganzheit bewusst, in der wir leben. Dieses Erwachen ist uns vielleicht besser verständlich, wenn wir es mit dem so genannten Klartraum vergleichen.

Wir wissen, dass wir besonders in unserem tiefsten Schlaf (der REM-Phase der schnellen Augenbewegung) träumen. Nur die wenigsten wissen in diesem Moment, dass sie träumen und können deshalb auch nicht bewusst in ihre Träume eingreifen. Diese Fähigkeit ist jedoch erlernbar.

Das spirituelle Erwachen ist ähnlich. Wir leben bewusst und erwachen aus dem vertrauten Traum des Alltagsbewusstseins zu einem neuen Potenzial, das unsere gottgegebene Energie zielbewusst steuert und das heilige Leben auf Erden offenbart. Die Außenwelt muss sich dazu gar nicht ändern, da der eigentliche Wandel in unserer Sicht der Dinge geschieht, die die aktuellen Grenzen ebenso überkommt wie die nichtigen Gefühle.

Für die meisten Menschen ist dies ein sehr langsamer Prozess. Wir wachen auf und schlafen wieder ein und dies immer wieder. Dabei werden wir jedoch auch zusehends „heller" und bleiben immer länger wach. Das Ziel ist natürlich, den Schlaf gänzlich zu überwinden und diesen klaren Zustand zu bewahren. Das bedarf großer Anstrengung, starker Konzentration und eingehender Übung. Die Meisterschaft ist erst dann erlangt, wenn wir in der Lage sind, unser ganzes Handeln danach zu richten und so das in uns verborgene kosmische Hologramm zu erwecken.

Entstehung der Lichtgattung

Wir haben gelernt, dass das menschliche Bewusstsein sich in einem langsamen Prozess entwickelte. Sogar die moderne Wissenschaft scheint dies nun zu widerlegen. Wir verstehen nun, dass alles Leben sich selbst organisiert und nach einem holistischen Prinzip funktioniert. Schon in der Antike nahm man an, dass das menschliche Bewusstsein der unstofflichen Wirklichkeit angehört. Das Bewusstsein drang als höhere Form des Ausdrucks in Wellen in die körperliche Ebene. Wir sind Lichtwesen und gehören demnach einer Gattung des Lichts an. Dies ist nicht nur eine Metapher, sondern physische Realität.

Der Wandel zu diesem Verständnis vollzieht sich heute auf der ganzen Welt. Durch ihr Werk halfen uns Autoren wie Gary Zukav, Fritjof Capra, Fred Alan Wolf, Amit Goswami und Deepak Chopra, die Zusammenhänge zwischen der modernen Wissenschaft und dem neuen Bewusstsein aufzuzeigen. In seinen Büchern *The Dancing Wu Li Masters* und *The Seat of the Soul* zeigt Zukav auf, dass wir ein neues Entwicklungsstadium erreicht haben. Auch er sieht den Menschen als Lichtwesen und meint, die Frequenz unseres Lichts hänge nur von unserem Bewusstseinsniveau ab. Unsere Gedanken und Gefühle seien ebenfalls nichts Anderes als Licht, Energieströme und verschiedene Frequenzen. Der Schlüssel der neuen Wissenschaften liegt wohl im Verständnis darum, dass alles sich in Schwingung befindet.

Der Andenlehrer Juan Nuñez del Prado hilft seinen Schülern, zwischen schweren, dichten und feinen Energien zu unterscheiden.

Bringen wir Angst, Furcht oder Zorn zum Ausdruck, so ist unsere Energie dicht und wir strahlen niedrige Frequenzen aus. Positivere Gefühle wie Liebe und Hilfsbereitschaft verfeinern die Energien, die in höheren Schwingungen übertragen werden. Das läuft auf eine ganz einfache Gleichung hinaus: Je niedriger die Frequenz, desto geringer das Bewusstsein und das Licht, je höher die Frequenz, desto mehr Bewusstsein und Licht. Es ist durchaus nachvollziehbar, dass unsere Energie feiner ist, wenn wir unsere göttliche Natur besser zum Ausdruck bringen.

In unserem Universum spiegelt das physische Licht das Licht des reinen Bewusstseins wider, das der Form vorausging und die Materie hervorbrachte. So sind wir ein Abbild des göttlichen Lichts einer höheren Ordnung, obwohl wir in Körpern existieren. Die Kultstätten unserer Vorfahren wurden für dieses innere Licht des göttlichen Bewusstseins errichtet, da sie erkannt hatten, dass es die physischen Gesetze übersteigt.

Gary Zukav meint, wir entwickelten uns von einem Frequenzspektrum zum nächsten. Unsere fünf Sinne sind begrenzt und nehmen nur ein bestimmtes Spektrum wahr, auch wenn wir wissen, dass höhere und niedrigere Lichtfrequenzen existieren. Auch nicht-physisches Licht hat bestimmte Wellenlängen. Wir beginnen nun langsam ein Spektrum wesentlich feinerer Energien wahrzunehmen.

Solche Energien entsprechen spirituell fortgeschrittenen Wesen, wie z.B. die Weltenlehrer Jesus und Mohammed. Sie zeigen uns, wozu die voll entfaltete Gottessaat fähig ist. Lange Zeit schien dieses Potenzial den Menschen auf Erden unerreichbar zu sein. Wir haben den kritischen Punkt unserer Entwicklung erreicht, an dem es wichtig ist zu erkennen, dass dies nicht der Fall ist und dass es an uns liegt, unsere wahre Identität und unser göttliches Potenzial auszuschöpfen. Dieser göttliche Aspekt, der in den Gottmenschen der Vergangenheit zur Entfaltung gelangte, steckt in Form der Lichtsaat in jedem von uns.

Wir müssen wie Lichtwesen handeln, wenn wir erwachen wollen. Zukav erinnert uns daran, dass wir über eine Dynamik verfügen, die imstande ist, unseren Energiefluss durch unsere Gedanken und Absichten zu steuern:

„Das Licht, welches durch unseren Körper fließt, ist universelle Energie, ist das Licht des Universums. Wir verleihen diesem Licht Gestalt. All unsere Gefühle, Gedanken, Verhaltensweisen, Werte und Handlungen zeigen, wie wir das Licht formen, das durch uns fließt. So lassen wir das Licht zu Gedanken, Gefühlen und äußeren Formen werden, die unsere Persönlichkeit in unserem Raum-Zeit-Gefüge widerspiegeln." [145]

Integrieren wir dieses Licht, welches in und durch uns fließt, so werden wir ebenso kohärent wie das Laserlicht, in dem die Wellen einander verstärken.

Einsichten in die Lichtdynamik

Gottessaat handelt mit gezielter und bewusster Absicht. Sie erkennt die Dynamik des Lichts und weiß, dass jeder Gedanke, jede Emotion Licht in Bewegung setzt. Sie ist verantwortlich für das Licht, das durch sie fließt und ist sich des Umstands bewusst, dass sie auserkoren wurde, dieses Licht auf die Erde zu bringen.

Durch den Reifungsprozess nimmt das Licht der Saat zu, bis sie völlig erleuchtet ist. Sie heilt, lehrt und hilft, wo sie gebraucht wird. Sie lässt Menschen und Ereignissen Licht zukommen, die davon profitieren können. Sie weiß, dass sie lediglich dem Licht dient und dem Planeten und seinen Bewohnern hilft, eine höhere Existenzebene zu erreichen.

Die Gottessaat hat den Umstand, dass das Licht auf unsere Absicht reagiert, integriert. Die Quantenphysik konnte aufzeigen, dass der Umstand, ob das Licht in Wellen oder aber in Teilchenform erscheint, allein vom Beobachter abhängt. Dieselben Regeln gelten für das innere Licht, dessen Offenbarung sich nach der Absicht des Menschen richtet, der es gerade formt. Wir müssen also sehr bewusst mit unseren Absichten umgehen.

Dies ist das erste Zeichen der Wachsamkeit und zugleich der Schlüssel für den Sprung in die nächste Ebene der menschlichen Entwicklung.

Um die Reichweite dieser Aufgabe zu erfassen, müssen wir verstehen, dass wir unser wahres, menschliches Potenzial bisher durch falsche, individuelle und kollektive Wahrnehmungen blockiert haben. All unsere Taten sollten berücksichtigen, dass unsere Absichten die Welt schaffen, anstatt davon auszugehen, dass wir von äußeren Kräften gesteuert werden, die unserer Kontrolle entgehen.

Da die Materie zur Form erstarrtes Licht ist, entsprechen auch wir der wellenförmigen Natur des reinen Lichts. Die moderne Physik zeigt, dass die stoffliche Grundlage sich auf subatomarer Ebene wie Licht verhält, während unser Bewusstsein durch nicht-physisches Licht informiert wird. Beiden Aspekten des Lichts kommen dabei spezifische innere Aufgaben zu, auch wenn das Licht selbst von einer höheren Ordnung bestimmt ist, die den Beschränkungen von Raum und Zeit nicht mehr zu unterliegen scheint. So ist das menschliche Hologramm eine dynamische Form, die zu unendlicher Ausdehnung in der Lage ist.

Wir wurden in einer Welt überkommener Konzepte wie der Newtonschen Physik und der kartesianischen Weltsicht erzogen. Beide Systeme sind als solche nicht verkehrt, doch sind sie begrenzt und bedürfen wichtiger Ergänzungen, da sie nicht alle Aspekte der Wirklichkeit abdecken. Andere Vorurteile gehen auf unsere religiöse Ausbildung zurück. So haben Judentum und Christentum im Laufe der Jahrhunderte die Geschichte des Paradieses auf eine Weise interpretiert, die dem kollektiven Unbewussten mehr schadet als nutzt. Vielleicht wurden wir weder aus dem Garten Eden verbannt noch mit Erbsünde beladen, sondern sind spirituelle, wertvolle Wesen.

Wir erklärten das menschliche Abenteuer durch den Wandel von Licht in Materie. Diese Involution ging der Evolution voraus, die nun einen kritischen Punkt erreicht hat. Dies war notwendig, damit das Licht die dichteren Sphären der stofflichen Schöpfung durchdringen konnte. Somit wäre die Schöpfung kein zeitlich begrenzter Akt, sondern vielmehr ein ständig fortschreitender Prozess. Wir werden selbst heute noch nach dem Abbild Gottes geschaffen.

Mit dem Entstehen des höheren Bewusstseins erwacht das in der Materie verborgene Licht wieder zum Leben. Anstatt uns vom Zufall steuern zu lassen, werden wir unser Schicksal immer mehr selbst in die Hand nehmen. Der Lichtkeim der menschlichen Gottessaat strebt nach oben zum Licht seines Ursprungs. Dabei gelangen wir von der tieferen Schwingung der Materie in immer feinstofflichere Bereiche. Je bewusster wir leben, desto leichter wird es uns gelingen, die Materie selbst in höhere Frequenzen zu versetzen, ganz als ob wir das Licht in die stoffliche Welt fließen ließen.

Deshalb sind wir auf Erden und deshalb steckt das Licht auch in der Materie. Hierin liegt die Aufgabe unseres Lebens. Nie waren die Dinge dieser Welt voneinander getrennt. Die alten Völker Lateinamerikas wussten, wer sie waren und waren davon überzeugt, als Nachfahren von Sternenwesen Kinder des Lichts zu sein. Wir haben all das vergessen und sind in den dunklen und mächtigen Reichen der Materie eingeschlafen. Der Beginn der sechsten Sonne bezeichnet zugleich ein kollektives Erwachen, die Rückkehr der Kinder des Lichts.

6. Kapitel

Bibliotheken der Antike

E s gibt viele Mittel, die menschliche Gottessaat keimen zu lassen. Dazu gehören vor allem auch die heiligen Kultstätten der Vergangenheit. Auf die Frage nach der Kraft heiliger Stätten antwortete seine Heiligkeit, der Dalaï Lama, dass ein Ort durch individuelle Spiritualität heilig werden könne, da die Kraft des Geistes auf eine Stelle übertragen werden könne. Die dort verbleibende Energie könne sich in der Folge auch auf Besucher dieser Stätte übertragen.[146] Jeder, der solche Orte der Kraft besucht hat, wird die Worte des Dalaï Lama bestätigen.

Heilige Stätten gibt es überall auf der Welt. Tausende Menschen besuchen sie, gleich ob es sich dabei um Stonehenge, Mekka, Ilona, Haleakala, den Ganges, Delphi, Palenque, Jerusalem, die ägyptischen und lateinamerikanischen Pyramiden oder die französischen Kathedralen handelt. Das englische Tourismusamt gab sogar bekannt, dass 70 % der Besucher vor allem wegen der Kultstätten der verschiedenen Epochen nach England kämen.[147] Mehr als eine halbe Million Menschen pilgern alljährlich zum australischen Ayers Rock.

Ein Netz heiliger Stätten

Es kann kein Zweifel daran bestehen, dass Menschen ihre Energie auf den Raum übertragen können und dass es sich bei heiligen Stätten tatsächlich um zutiefst spirituelle Orte handelt. Doch verfügen diese

Stätten auch noch über andere außergewöhnliche Eigenschaften. Viele davon sollen durch ein Netz geometrischer, astronomischer Linien miteinander verbunden sein. Russische Wissenschaftler fanden ein Muster aus Dodekaedern (12 Ecken), welches in feinen, magnetischen Linien unseren Erdball überzieht und ein weiteres Muster aus Ikosaedern (20 Ecken) überlagert.[148] Bestimmte Forscher sehen darin den Beweis, dass dieser Planet einst die Form eines Kristalls hatte oder zumindest seine Lebensenergie von einem kristallinen Zentrum stammt.[149] Weiter wurde festgestellt, dass ein Großteil der Tempelanlagen der ältesten Zivilisationen auf den Linien der Ikosaeder liege.

Aus meteorologischen und geologischen Karten wird ersichtlich, dass die Zonen maximalen und minimalen atmosphärischen Drucks sich genau an den Schnittstellen der Dodekaeder befinden. An diesen Stellen entstehen Wirbelstürme und Stromwirbel in den Meeren. Hier kann es auch, wie beim Bermudadreieck zu außergewöhnlichen Ereignissen kommen.[150]

Schon Rudolf Steiner, der Begründer der Anthroposophie schrieb, das Lebewesen Erde nehme energetisch gesehen die Form von Dodekaedern und Ikosaedern an,[151] was sich auch mit den Aussagen von Buckminster Fuller deckt.[152] Der Russe Vitalij Kabachenko stellte bei seinen Untersuchungen der Bilder der Erde aus dem Weltraum fest, dass jene von einem kaum sichtbaren Netz überzogen ist, das vor allem über den Ozeanen in Form schwacher Linien erkennbar sei.[153] Die französische Autorin Aimée Michell zeigte auf, dass auch die UFO-Sichtungen sich auf ein solches Gitternetz konzentrieren.[154] Immer mehr Menschen sind der Ansicht, dass die Erde ein lebender Organismus ist, deren Körper von so genannten Leylinien überzogen ist, die mit den Akupunkturmeridianen des menschlichen Körpers vergleichbar sind. Über dieses Netz laufen die Energien unseres Planeten.

Es wurde viel über die Herkunft solcher Netze spekuliert. Anhand antiker Karten versuchte der Autor John Michell aufzuzeigen, dass die Erde in unserer Frühgeschichte nicht nur kartographisch vollständig erfasst worden war, sondern auch mit diesem Netz astronomischer und geometrischer Kraftlinien überzogen wurde. Laut Michell ist es also kein Zufall, dass sich die meisten Kultstätten der Antike auf diesen Linien befinden, da die großen Steinbauten als massive astrologische Werkzeuge dienten. Seine Schlussfolgerung ist, dass die Erbauer über höchste Technologie und bemerkenswerte Kräfte verfügt haben müssen.[155]

Es überrascht uns also keineswegs, auch den Großteil der lateinamerikanischen Tempelanlagen auf diesen Gitterlinien zu finden. Ganz offensichtlich waren ihre Erbauer der Überzeugung, dass die Energielinien unseres Planeten in Zusammenhang mit Heilung und Bewusstseinserweiterung standen.

Aspekte des Heiligen Raums

Zahlreiche Theorien ranken sich um den heiligen Raum. Sig Lonegren, der mit seiner Rute zahlreiche heilige Stätten in aller Welt abging, glaubt, dass jene fast ausschließlich dem Kontakt mit den spirituellen Sphären dienten. Er meint, es sei möglich, einen geeigneten Ort mittels der heiligen Geometrie wie ein Musikinstrument auf eine ganz bestimmte Frequenz zu stimmen. An den meisten Kultorten konnte er feststellen, dass die Energien von Yin und Yang sich hier im Gleichgewicht hielten. Die rezeptive, weibliche Yin-Energie findet sich in Kuppeln und an unterirdischen Wasseradern, während die männliche Yang-Energie auf den gerader en Leylinien läuft.[156]

Wir wissen, dass Rutengänger Grundwasser ebenso aufspüren können wie magnetische oder tellurische Kräfte. In Gegenden, in denen Wasser rar ist, wird häufig und meist auch recht verlässlich mit der Wünschelrute gearbeitet. Untersuchungen zeigten, dass solche Menschen besonders sensibel für elektrostatische Ladungen und elektromagnetische Veränderungen an der Erdoberfläche sind. Diese Ladungen werden oft durch den elektrischen Fluss unterirdischen Wassers verursacht. Man stellte fest, dass die magnetischen Sensoren des menschlichen Körpers sich in der Zirbeldrüse konzentrieren,[157] was den Schluss zulässt, dass wir eigentlich alle über die Fähigkeit verfügen, solche Ströme zu fühlen.

Lonegren zeigte auf, dass die messbaren Energien der verschiedenen Orte der Kraft im Laufe eines Jahres erheblich schwankten. Wir wissen, dass viele davon für Rituale an den Sonnenwenden und/oder Tagundnachtgleichen oder anderen besonderen Tagen angelegt waren. So wird aus der Anlage von Stonehenge ersichtlich, dass sie auf den Sonnenaufgang der Sommersonnenwende ausgerichtet war, während New Grange mit dem Aufgang der Wintersonnenwende übereinstimmt. Auf der Sonnenpyramide von Teotihuacan ist der kraftvollste Augenblick zu Mittag. Und wie spektakulär sind nicht die ersten Strahlen der Sonnenwende, die die Krone Wiraccochas in Ollantaytambo erleuchten oder durch das Sonnentor von Machu Picchu strömen!

Lonegren stellte zudem fest, dass eine Leylinie stärker wird, wenn sie sich mit dem Sonnenauf- oder Untergang überlagert. Durch Messungen an kritischen Momenten konnte er aufzeigen, dass gerade solche Energieüberlagerungen die Kraft bestimmter Orte zu einem bestimmten Zeitpunkt verstärkten. Zweifellos wussten die Erbauer dieser Tempel von der besonderen Energiedynamik und ihren Schwankungen im Tages- und Jahresrhythmus.[158]

Die Kultstätten der Antike wurden mit Hilfe der heiligen Geometrie erbaut. Diese basiert auf den geometrischen Verhältnissen der Natur. Paul Devereux, der Herausgeber der Zeitschrift *Ley Hunter* und Vorstand des Dragon-Projektes, welches die energetischen Wirkungen von Kultstätten zu messen versuchte, zeigt auf, dass es sich bei der heiligen oder kanonischen Geometrie keineswegs um irgendeine obskure Erfindung der Vorzeit handelt, sondern um eine menschliche Replik natürlicher Muster, die ermöglicht, dass Energie in unsere Dimension von Raum und Zeit einfließt. Diese Geometrie finden wir auch auf subatomarer Ebene, in den Gestirnsbewegungen des Universums und in allen organischen Formen der Erde wieder.[159]

So spiegeln die alten Kultstätten nicht nur die geometrischen Verhältnisse der Natur, sondern durch sie auch das antike Gesetz der Übereinstimmungen wider: Wie im Himmel, so auf Erden. In Tempeln konnte der Mensch verschiedene Dimensionen integrieren und Zugang zu den verschiedenen Frequenzspektren des Universums gewinnen.

So ist das heilige Tal der Inkas ein perfektes Beispiel heiliger Geometrie. Auch die spektakulären Bauten der Mayas und Olmeken, die Initiationen und ekstatischen Riten dienten, befinden sich auf Energiepforten zu höheren Dimensionen. Die Menschen dieser Gegenden verkörperten und lebten die Prinzipien der heiligen Übereinstimmung.

Darüber hinaus wird in antiken Tempelanlagen auch das Prinzip der harmonischen Resonanz erkennbar. Befinden sich zwei Gegenstände nämlich in harmonischer Resonanz, so tauschen sie Energien aus. So äußert sich die kosmische Übereinstimmung nicht nur durch Form, sondern auch durch Schwingung.

Bei anderen Untersuchungen an Orten der Kraft wurden überdurchschnittlich hohe radioaktive Werte und magnetische Anomalien gemessen.[160] Obwohl diese Untersuchungen noch zu keinem wissenschaftlichen Schluss kommen konnten, bleibt die Thematik von Interesse, um eines Tages die außergewöhnlichen Vorkommnisse an diesen Stätten erklären zu können. Deshalb haben Besucher hier auch öfter Visionen, Einsichten, transzendente Gefühle oder paranormale Erfahrungen.[161]

Teotihuacan und die Lichtgeschwindigkeit

Die Orte der Kraft unserer Erde haben alle eines gemeinsam: Sie sind Orte, an denen der Geist kommuniziert. Während diese Kommunikation für die einen erhöhtes Bewusstsein bedeutet, machen andere hier archetypische oder transzendente Erfahrungen. In jedem Fall jedoch öffnen sie sich der göttlichen Welt.

Alle Zeremonialzentren Lateinamerikas, von Teotihuacan über Machu Picchu und Palenque bis hin zu Monte Alban, wurden mit dem ausdrücklichen Ziel der Kommunikation mit dieser göttlichen Welt erbaut, auch wenn wir nicht wissen, in welcher Form dies genau vor sich ging. Vielleicht sind sie wirklich, wie John Michell meint, Teil eines größeren Komplexes, der unseren Planeten umgibt und wie eine Stimmgabel fungiert, die von Gottwesen oder einem kollektiven Impuls geschaffen wurde. Was auch immer der Ursprung dieser heiligen Stätten gewesen sein mag, ihre Baumeister wussten wesentlich mehr über die feinstofflichen Energien als wir und verfügten zugleich über detaillierte astronomische Kenntnisse.

Viele Ruinen der Antike, wie die Pyramide von Gizeh und Stonehenge, seien zentrale Markierungspunkte zur Vermessung der Erde und der Gestirne, die unsere Welt mit dem kosmischen Ganzen in Einklang brachten. Als der amerikanische Ingenieur Hugh Harleston Jr. 1972 begann, die Ruinen von Teotihuacan zu untersuchen, entdeckte er, dass die dortige Sonnenpyramide ebenso wie die große Pyramide von Gizeh dazu ausgelegt war, als Equinox-Uhren zu fungieren, die auf die Tagundnachtgleichen abgestimmt waren.[162] Er konnte ebenso belegen, dass beide Pyramiden, aber auch die von Palenque und der Tempel Salomons nach demselben System heiliger Zahlen gebaut sind. Weiter fand er heraus, dass der gesamte Komplex von Teotihuacan als ein riesiger Kalender angelegt war und dass die Baumeister nicht nur die Zahl π (Pi), sondern auch viele höchst abstrakte mathematische Verhältnisse kannten, die unserem Universum zugrunde liegen. Durch genaue Winkelmessungen gelang es Harleston zu beweisen, dass auch zahlreiche universelle Konstanten wie die Geschwindigkeit des Lichts bei der Konstruktion der Tempelstadt berücksichtigt wurden, die der Rest der Welt erst Jahrhunderte später entdecken sollte.[163]

Die Lichtgeschwindigkeit, die erstmals 1849 vom französischen Physiker Olaus Roemer gemessen und später von Jean Foucault auf 299.728 Kilometer pro Sekunde korrigiert wurde, bleibt unter allen Umständen konstant, sogar wenn wir uns in unglaublicher Geschwindigkeit auf eine Lichtquelle zubewegen würden. Auch dieses Phänomen wird durch Einsteins Relativitätstheorie erklärt, die besagt, dass Zeit und Distanz sich der universalen Konstante der Lichtgeschwindigkeit anpassen. Es ist tatsächlich verblüffend, dass man bereits zu jener Zeit solch abstrakte Dinge begriffen hat. Unsere Vorfahren müssen entweder über wesentlich höher entwickelte Wissenschaften verfügt haben als heute allgemein angenommen wird, oder aber unerklärte Fähigkeiten wie z.B. eine holographische Form der Wahrnehmung besessen haben. Vielleicht erfuhren sie dieses heilige Wissen auf eine Weise, die die Grenzen unserer fünf Sinne überschritt.

Auch die Frage, weshalb sie solch abstrakte Informationen wie die Lichtgeschwindigkeit in ihrer Architektur verschlüsselten, bleibt offen. Vielleicht versuchten sie so ihren Nachfahren zu zeigen, wer sie wirklich waren, da sie davon ausgingen, dass spätere Zivilisationen über dieselben Kenntnisse universaler Konstanten verfügen würden. Vielleicht hinterließen sie uns diese Schlüssel, um uns auf die kosmische Herkunft der Menschheit hinzuweisen.

Ihr komplexer, megalithischer Kalender diente also nicht allein der unmittelbaren Zeitbestimmung. Er ließ auch vorhersehen, dass eine Zeit der Dunkelheit kommen würde, in der die Saat tiefer in die Materie fallen würde. Solch esoterische Kenntnisse ließen einige moderne Forscher zu dem Schluss gelangen, dass es sich bei den Erbauern von Teotihuacan tatsächlich um Kinder des Lichts, Nachfahren der großen Elohim handelte, die versuchten, in ihren Steinbauten Nachrichten der heiligen Geschichte des Lichts zu verschlüsseln, die künftigen Generationen ermöglichen sollten, ihr Erbe zu erkennen.

Pforten harmonischer Frequenzen

Don Miguel Ruiz gelangte durch seine Analyse der im Stein Teotihuacans verschlüsselten Botschaft auf völlig andere Art zu Ergebnissen. Er selbst stammt aus einer Familie von *Naguals*, die auf die alten Tolteken zurückgeht. Sein Großvater hatte ihm von der großen Kraft der Ruinen erzählt und ihm geraten, sie nicht zu betreten, bevor er nicht wirklich dazu bereit sei. Dies tat er dann erstmals 1988, wo er auch sofort von einer Flut alter Erinnerungen überschwemmt wurde. Auf der Sonnenpyramide gelang es ihm, sich mit ihrer Schwingung in Einklang zu versetzen und vor seinem inneren Auge zu sehen, was hier energetisch am Höhepunkt der Teotihuacan-Kultur aufgezeichnet worden war. In einer Reihe von Visionen erkannte Don Miguel Ruiz, wie die Tempelanlage als Initiationszentrum fungierte und nach wie vor ein Ort ist, an dem „der Mensch Gott wird". Er ist davon überzeugt, dass die Stätte über ein außerordentlich starkes Energiefeld verfügt, in dem wir durch bestimmte Rituale auf den Pfad der göttlichen Befreiung gelangen können.[164]

Es kann kein Zweifel daran bestehen, dass die starke Energie an solchen Orten greif- und wahrnehmbar ist. Sie schwingt durch all unsere Chakren und Energiekörper. Auch wenn die Steine dieser Anlagen solide sind, so wissen wir, dass sie Energie ausstrahlen, da alle Materie – zumindest auf subatomarer Ebene – schwingt. Mögen die Schwingungsfelder der Materie auch zu fein sein, um sie messen zu können, so muss das noch lange nicht heißen, dass wir sie deshalb nicht wahrnehmen können.

Bis vor kurzem gelang es uns nicht einmal, das menschliche Energiefeld zu messen. Die ersten Ergebnisse aus diesem Bereich wurden von der Therapeutin und Professorin für Kinesiologie Valerie Hunt veröffentlicht, die feststellte, dass mit Hilfe von Elektromyographen nicht nur die elektrische Muskeltätigkeit, sondern auch das menschliche Energiefeld gemessen werden kann. Sie entdeckte, dass die Durchschnittsfrequenz des menschlichen Körpers zwischen 0 und 30 Zyklen pro Sekunde (z/s) liegt, während die elektrische Gehirntätigkeit zwischen 0 und 100 z/s ausmacht und die Muskeltätigkeit bis zu 225 z/s erreichen kann. Bei ihren Untersuchungen stellte sie jedoch auch fest, dass unser Körper Energien mit wesentlich höheren Frequenzen ausstrahlen kann, die in der Regel zwischen 100 und 1.600 z/s liegen. Diese Felder sind in den Bereichen der Chakren am stärksten.

Der vielleicht faszinierendste Aspekt von Hunts Forschungen ist wohl die Entdeckung, dass auch die Frequenzen des menschlichen Bewusstseins messbar sind. So stellte sie fest, dass jene bei Menschen, die sich vorrangig auf materielle Anliegen konzentrieren, bei etwa 250 z/s, also in der Nähe der Körperfrequenzen liegen, während übersinnlich veranlagte Menschen zwischen 400 und 800 z/s „schwingen". Hunt bezeichnet Personen, deren Frequenzen über 900 z/s liegen, als „mystisch". Mit einem modifizierten Elektromyogramm welches auch höhere Frequenzen messen kann, will Hunt bei bestimmten Menschen sogar Schwingungen in einer Höhe von bis zu 200.000 z/s gemessen haben.[165]

Wird, wie im Zitat seiner Heiligkeit des Dalaï Lama am Eingang dieses Kapitels erwähnt, die Energie eines Raumes von einem Menschen mit solch hoher Frequenz „aufgeladen", so steigert dies die Schwingung des örtlichen Energiefeldes. Es gibt zahlreiche solcher Orte. Dazu gehören u.a. auch die Arunacula-Höhlen, die Ashrams großer indischer Heiliger, der Wiraccocha-Tempel, Machu Picchu, der Palast der Inschriften in Palenque, der Schmetterlingspalast in Teotihuacan und zahlreiche andere heilige Gräber und Kultstätten in aller Welt.

Das Konzept der harmonischen Resonanz besagt, dass Energie durch das Verhältnis zwischen zwei Gegenständen ausgetauscht werden kann. So könnten Ruinen wie die von Teotihuacan als Bibliotheken fungieren, die ihre Geheimnisse empfänglichen Geistern offenbaren, wenn sie energetisch geöffnet werden. Vielleicht war Don Miguel Ruiz in der Lage, die verschlüsselten Botschaften von Teotihuacan wahrzunehmen, weil er seine Energiekörper in Einklang mit der Frequenz des Tempels gebracht hatte.

Heilige Stätten und veränderte Bewusstseinszustände

Der Vorsitzende des Dragon-Projekts Paul Devereux meint, dass die meisten Riten an Orten der Kraft in veränderten Bewusstseinszuständen vollzogen wurden, welche auf verschiedene Weisen erreicht werden können: durch Trommeln, Riten, Gebete, Drogen oder bewusstes Träumen.[166] Oft versetzen die Stätten selbst die Menschen in solche Bewusstseinszustände und bewirken Wahrnehmungsveränderungen. In der Nagual-Tradition wird dieser Zustand durch das „Einstellen des inneren Dialogs" erreicht. Wir können die feinstofflichen Schwingungen unserer Umwelt nur empfangen, wenn unsere gesamte Wahrnehmung sich auf sie konzentriert, unser Geist zu plappern aufhört und uns mit seinen vorgefassten Meinungen verschont, die Teil unseres Alltagsbewusstseins sind. Orte der Kraft sollten also in einem Zustand innerer Ruhe und Unvoreingenommenheit betreten werden, um die Kommunikation mit der vorhandenen Energie zu ermöglichen. Haben wir unser gezieltes Bewusstsein entwickelt, wird sich auch unsere Wahrnehmungsfähigkeit erweitern.

Personen, deren Aufmerksamkeit durch die Energie eines Ortes der Kraft verändert wurde, hatten das Gefühl, sich auf einer höheren Schwingungsebene zu befinden und jede Einzelheit ihrer Umwelt aus einer Perspektive wahrzunehmen, die ihre Individualität bei weitem überstieg. Die *Naguals* nennen dies eine „Verlagerung des Sammelpunktes". Vom neuen Gesichtspunkt aus besteht die Welt nicht mehr aus Materie oder verschiedenen Gegenständen, sondern aus Energiefeldern, die sich – ähnlich wie in den Beschreibungen der zeitgenössischen Physik – in verschiedenen Lagen sammeln. Castanedas Lehrer Don Juan Mateus spricht hier von 48 verschiedenen Energiebändern, von denen wir nur sieben wahrnehmen können. In einem einzelnen Band decken sich nur bestimmte Emanationen gleichzeitig; und nur diese Art von Überlagerungen nehmen wir wahr. Unser Sammlungspunkt bestimmt, welche Emanationen sich im Augenblick der Wahrnehmung überlagern. Ein veränderter Sammlungspunkt zieht demnach auch Überlagerungen in Bereichen nach sich, die sich sonst unserer Wahrnehmung entziehen.[167]

Nach dem Nagual-Wahrnehmungsschema, welches durch Carlos Castaneda bekannt gemacht wurde, gibt es drei Formen der „Aufmerksamkeit", d.h. drei Bewusstseinsebenen, die dadurch bestimmt werden, wie die wahrnehmungsbestimmenden Energieemanationen ausgewählt werden. Die erste Bewusstseinsebene ist kulturell bedingt und bestimmt die alltägliche Wahrnehmung unserer fünf Sinne. Die zweite steuert den Bereich des Unbekannten, während die dritte die beiden ersten integriert und uns den Zugang zu sonst unfassbaren Bereichen ermöglicht.[168]

Die uns umgebenden Energiefelder werden von der ersten Aufmerksamkeit ausgewählt und geordnet. Dies lässt unsere Wirklichkeit konsistent und vorhersehbar erscheinen. Diese selektive Organisation zieht zwangsläufig nach sich, dass unsere Wahrnehmung der Wirklichkeit von einem kulturellen Konsens abhängt. Wird diese innere Struktur gestört, „bricht unsere Weltsicht zusammen und unsere Welt bleibt stehen".[169]

Neurophysiologische Untersuchungen decken sich weitgehend mit der Nagual-Perspektive der Bewusstseinsebenen und zeigen auf, dass visuelle Informationen zuerst von unseren Augen aufgenommen und von dort an ein temporäres Verarbeitungszentrum im Hirnlappen übermittelt werden, von wo eine überarbeitete Version an die visuelle

Gehirnhaut weitergeleitet wird. So wurde auch bewiesen, dass höchstens die Hälfte der Dinge, die wir „sehen", auf Informationen basiert, die tatsächlich von unseren Augen stammen. Mit anderen Worten ergänzt unser Gehirn fehlende Teile unserer Wahrnehmung durch auf früheren Erfahrungen basierende Erwartungen und eliminiert „Unerwartetes".[170] In veränderten Bewusstseinszuständen kann es uns gelingen, diesen Filtermechanismus zu umgehen und „die Welt anzuhalten".

Abgesehen von den Mechanismen, die unsere Wahrnehmung bestimmen, können wir an Orten der Kraft Aspekte der „außergewöhnlichen Wirklichkeit" wahrnehmen. James Swan beschreibt diese Zustände als Ekstase, mystische Visionen, als das Gefühl der Einheit mit der Natur, lebensnahe Traumbilder, gattungsüberschreitende Kommunikation, Stimmenhören oder das symbolische Erleben von Tod und Wiedergeburt.[171] Es ist durchaus möglich, dass die verschlüsselten Botschaften der Orte der Kraft unseren Sammlungspunkt automatisch verlagern und uns so – mit den Worten der Mystiker – „entrücken".

Die Heilige Übereinstimmung

Wir wissen, dass die lateinamerikanischen Tempelanlagen hauptsächlich zu Zeremonialzwecken errichtet wurden, die das Erwecken höherer Bewusstseinszustände und die Kommunikation mit der göttlichen Welt einschließen. Nach der Hochblüte ihrer Kulturen wurden diese Anlagen verlassen. Allem Anschein nach wurden jene Orte der Kraft zuvor jedoch bewusst energetisch versiegelt. Da man vorausgesehen zu haben scheint, dass die Gottessaat eine dunkle, materialistische Zeit durchlaufen und die Fähigkeit verlieren würde, in höheren Dimensionen zu verkehren, wurden die Pforten dieser Bibliotheken göttlichen Bewusstseins verschlossen. Wahrscheinlich wusste man auch, dass die Kraft ihrer Kultstätten eines Tages dazu beitragen würde, die Saat zu neuem Leben zu erwecken.

Es gibt einen ebenso einfachen wie alten Schlüssel, um das verborgene Wissen zu erlangen: das Gesetz der heiligen Übereinstimmung, das Prinzip des „Wie im Himmel, so auf Erden". Die Kraft dieser Orte ist übertragbar, wenn die irdische Kraft im Gleichgewicht mit der himmlischen steht. Übertragen auf unsere Dimension von Raum und Zeit bedeutet dies, dass unser persönliches Licht das höhere Licht widerspiegelt, und unsere eigene Schwingung in Einklang mit der höheren Harmonie stehen sollte, um sicherzustellen, dass spirituell Unvorbereitete nie Zugang zu diesen Kräften bekommen.

In diesem Zusammenhang dürfen wir nie vergessen, dass alles Leben Licht ausstrahlt. Normalerweise können wir dieses Licht nicht wahrnehmen, weil es die uns sichtbaren Farbspektren übersteigt und von unserem Gehirn eliminiert wird. Der deutsche Wissenschaftler Fritz Albert Popp, der diesen Umstand entdeckt hat, glaubt, dass die Quelle dieses Lichts, welches von Infrarot bis Ultraviolett reicht, in unserer DNA steckt.[172] Auch die östlichen Weisheitslehren gehen davon aus, dass das lebende Licht in unserem Körper verschlüsselt ist. Der alte Vergleich von Makro- und Mikrokosmos basiert ebenso auf der Annahme, dass das Licht des göttlichen Lebens im menschlichen Körper zum Ausdruck kommt. Dies bedeutet also, dass eine Kopie Gottes im Adam Kadmon, dem spirituellen Menschen steckt, der nach dem Abbild der Elohim geschaffen wurde. Durch die Kenntnisse der Schwingungslehren beginnen wir Einsicht in diese Mysterien zu gewinnen. So entfaltet sich der implizite Lichtkörper des Adam Kadmon.

Lehrer wie Don Miguel Ruiz, Juan Nuñez del Prado und Alberto Villoldo, die alle mit der Kraft dieser antiken Stätten arbeiten, helfen ihren Schülern, ihre Energieleiber zu reinigen, um höhere Lichtebenen erreichen zu können. Sie zeigen verschiedene Techniken, um den Körper in Einklang mit feineren Schwingungsenergien zu bringen.

Juan Nuñez del Prado versucht, seinen Schülern die feinen Eigenschaften der Energie bewusst zu machen, damit sie höhere und niedrigere Schwingungen voneinander unterscheiden können. Die Arbeit mit der Kraft der alten Kultstätten der Inkas basiert darauf, höhere Schwingungsenergien anzuziehen und dichtere Energien loszulassen. Für ihn sind diese Orte Energiepforten in die Welt subtiler Energien.[173]

Alberto Villoldo beschreibt in seinen Büchern die Methoden, die seine Lehrer Antonio Morales und Eduardo Calderon anwandten, um am Machu Picchu und anderen Stätten der Inkas schamanistische und spirituelle Kräfte zu wecken. Er integrierte diese Methoden in ein Medizinrad der Inkas.

Don Miguel Ruiz bedient sich der Kraft von Teotihuacan und anderer lateinamerikanischer Kultanlagen, um seinen Schülern zu helfen, ihren „Sammelpunkt zu verrücken" und aus dem Traum der alltäglichen Wirklichkeit, der ersten Bewusstseinsebene zu erwachen. Bei ihm lernen die Schüler, ihren Energiekörper mit der Nagual-Technik der Pirsch von emotionaler Altlast und überkommenen Verhaltensschemata zu reinigen. Eine weitere Übung zur Erfahrung außergewöhnlicher Wirklichkeit ist das bewusste Träumen. Hierbei werden die rationalen Schranken kognitiver Prozesse überwunden, um mit unserem vollen Vorstellungspotenzial ein weiteres Spektrum der Realität zu erfassen und so unsere Schwingung zu erhöhen.

Die Steigerung des kollektiven Bewusstseins

Wir befinden uns an der Schwelle zu einer nie dagewesenen Entwicklungsstufe der Menschheit, die durch die sechste Sonne in Bewegung gesetzt wird. Nie war es von größerer Bedeutung, uns unseres kosmischen Ursprungs bewusst zu sein. Wir haben den Ausbruch aus unserer beschränkten Wahrnehmung der Möglichkeiten bitter nötig. Unsere enge Weltsicht, unsere begrenzten Sinne, die Angst vor dem Unbekannten und das große Vergessen halten uns nun schon viel zu lange gefangen. Glücklicherweise finden wir in den Steinbibliotheken unserer Ahnen Wege, uns unserer Herkunft wieder bewusst zu werden. Sie werden ihre Geheimnisse preisgeben, wenn wir sie empfangsbereit und dankbar betreten.

Wie bereits erwähnt, besteht die Möglichkeit, dass die antiken Kultorte Teil eines riesigen Energienetzes waren, das unsere ganze Erde umgibt. Man nimmt an, dass sie von höchst fortgeschrittenen Wesen, vielleicht den Elohim geschaffen wurden, die über ein galaktisches Bewusstsein verfügten, das wir heute kaum zu ahnen beginnen.

Was ist, wenn es diese Netze wirklich gibt? José Argüelles meint, wir befänden uns in einer Phase großer galaktischer Synchronisation, die den Wandel der Materie beschleunigen wird. Diese Phase deckt sich mit dem Baktun 12 des Kalenders der Maya, welches von 1618 bis 2012 reicht.

Weiter geht er davon aus, dass die vielfache Freisetzung nuklearer Energie seit 1945 die Schwingungsebene der Erde verändert hat. Er sieht voraus, dass das kristalline Erdzentrum eine Reihe von Wellen aussenden wird, um diese Verschiebungen wettzumachen und wieder harmonische Resonanz zu erreichen. Dies würde sich durch einen Schwingungswandel des planetaren Lichtkörpers äußern.[174] Argüelles erklärt, dass dies unser galaktisches Schicksal bestimmt und ein Teil der Entwicklung zu einem völlig bewussten Lichtkörper ist.

> *„Hier das Bild der künftigen Geschehnisse. Seit Urzeiten hat der magneteiserne Kristall des Kreisels im Herzen unserer Erde harmonische Schwingungen ausgesandt, die ihren Kreislauf mitbestimmen. Diese Resonanzen verfügen über eine ganz bestimmte Form, da alle Form der Schwingung folgt. Deshalb verglich Plato die Erde auch mit einem Lederball aus zwölf Stücken, einem Dodekaeder, der aus zwölf Fünfecken besteht. Die Scheitelpunkte dieser Fünfecke bestimmen die Struktur des irdischen Resonanzkörpers, wenn die Schwingungen die Erdoberfläche erreichen.*
>
> *Da die Erdmitte ständig solche Schwingungen an ihre Oberfläche und darüber hinaus aussendet, bildet sich ein ätherisches Gitternetz, das das Gerüst des planetaren Lichtkörpers bildet. Durch die Struktur der DNA an diese Frequenzmuster angepasst, richten sich nicht nur die jährlichen Migrationsbewegungen bestimmter Tiergruppen, sondern auch menschliche Siedlungen nach den Linien und Knoten dieses Netzes. Natürlich verzerrt sich dieses Netz vielerorts durch tektonisch, geologisch, atmosphärisch, solar und galaktisch bedingte Veränderungen des elektromagnetischen Feldes der Erde. Trotz alledem bildet sich der planetare Lichtkörper durch das regelmäßige*

Pulsieren des Gitternetzes, welches von den beiden Polen ausgeht und manchmal durch (von uns) unvorhergesehene und nicht wahrnehmbare, galaktische Veränderungen verstärkt wird. " [175]

Die Schwingungsresonanz der Erdmitte habe sich verstärkt, um die Auswirkungen der Technologie und des Materialismus auszugleichen, was Argüelles durch eine natürliche Anpassung der Erdfrequenz an die Schwingung unserer Galaxie erklärt.

Von menschlicher Perspektive aus gesehen kann dies durchaus zu einer schrittweisen Bewusstseinsveränderung führen, die eine neue Weltsicht schafft. Man wird erkennen, dass unsere Erde ein lebender Organismus und Teil eines größeren Ganzen ist, dass Stoff eine Form der Energie ist und wir selbst aus Wellen bestehen und in ständiger Verbindung mit dem Ganzen sind. Durch diesen Bewusstseinswandel werden wir nicht nur beginnen, als mehrdimensionale Wesen zu existieren, sondern auch Möglichkeiten erkennen, von denen wir heute nicht einmal zu träumen wagen.

Wenn sich dieses Potenzial entfaltet, werden wir uns auch darüber klar werden, dass wir tatsächlich Gottessaat sind, und als solche über die Kraft bewusster Absicht verfügen. Wir sind in der Lage, unserem Potenzial Form zu verleihen. Unsere DNA ist programmiert und mit lichtempfindlichen Mustern versehen, die den neuen Menschen entstehen lassen werden, der imstande ist, mit einem ganz aktivierten Lichtkörper zu existieren.

Wir müssen beginnen, uns als Lichtwesen wahrzunehmen und unsere Absicht bewusst ausrichten, um unser gesamtes DNA-Potenzial freizusetzen. Aus der Perspektive des höheren Bewusstseins sind wir den Elektronen unserer eigenen Moleküle sehr verwandt, die ihr Potenzial zeigen, wenn wir sie als Wellen oder Teilchen wahrnehmen.

Bringen wir unsere Gottesgaben zur Entfaltung, erfüllen wir auch die Prophezeiungen der Rückkehr des Lichts. Der Geist Quetzalcoatls, Christi, Pahanas, des Großen Weißen Bruders, der Erleuchteten und des Capac Inka wird wieder unter uns wandeln. Die Grenzen unserer Wahrnehmung werden sich erweitern und schließlich auflösen. Dem

Newtonschen und kartesianischen Weltbild wird die ihnen zustehende Rolle zugewiesen: Sie werden zwar weiterhin als wichtige Werkzeuge zur Erfassung der gewöhnlichen Wirklichkeit dienen, uns jedoch nicht mehr an der Wahrnehmung anderer Realitäten hindern. Nach einiger Zeit wird unser absolutes Vertrauen in diese Weltbilder für kaum mehr als ein kurzer Irrweg der Menschheitsgeschichte erachtet werden.

Viele glauben, dass die Aktivierung des Gitternetzes und des planetaren Lichtkörpers sich bereits vollzieht und unser Potenzial sich zu entfalten beginnt. Das Licht der Menschheit und ihres Planeten scheint zugleich zu erwachen. Eine neue, holographische Universalstruktur ist im Entstehen.

Lange erzählte uns die Wissenschaft, dass eine der Gesetzmäßigkeiten des Universums bedinge, dass das Chaos ständig größer würde. Trotzdem erhielt der Chemiker Ilya Prigogine den Nobelpreis für seine Arbeiten über „Zerstreuungsstrukturen", die besagen, dass plötzlich aus scheinbarer Unordnung komplexe Systeme entstehen. Er meint, dass diese komplexen Strukturen ein latenter Teil der höheren Ordnung des Universums sind.[176] Nun scheint sich sowohl auf menschlicher als auch auf planetarer Ebene eine neue Struktur durchzusetzen, die unsere Sicht des Alls grundlegend verändern wird.

Die antiken Tempelanlagen unseres gesamten Planeten können weiterhin als Werkzeuge für die neue Weltordnung dienen. Manche glauben, sie seien von Meistern konzipiert worden, um uns zu helfen, uns mit dieser neuen, höheren Ordnung der Existenz in Einklang zu bringen. Die Andenprophezeiungen sagen, dass wir die sechste Bewusstseinsebene erreichen werden, wenn wir das Schwingungsniveau bestimmter Kultstätten wie z.B. des Wiraccochas-Tempels erreichen. Dies setzt voraus, dass die Schwingung der Menschheit sich dem neuen Lichtfeld der Erde anpasst. Die alten Pforten zum göttlichen Bewusstsein, die die nächste Stufe der impliziten Ordnung darstellen, werden sich wieder öffnen, wenn „das Licht von oben dem Licht von unten gleicht".

7. KAPITEL

Der Schritt ins Engelslicht

Amanumuru war ein legendärer peruanischer Gottmensch, der eines Tages durch eine solche Pforte zur himmlischen Welt zurückgekehrt sein soll. Es heißt, er hätte sich wie Wiraccocha wieder mit dem Ozean vereint, aus dem er gekommen war. Auf Quechua bedeutet das Wort *amanu* schlangenförmige Lebensenergie. Der geachtete Esoteriker Manly B. Hall verglich Amanumuru deshalb mit dem zentralamerikanischen Quetzalcoatl – der „gefiederten Schlange" aus Amarcuca –, welches er als den wahren Ursprung des Namens Amerika erachtet. Hall glaubt, dass die Priester dieses „Friedensgottes" im nördlichen wie im südlichen Lateinamerika herrschten.[177]

Die Sonne der Mitte und die Geschichte der Goldenen Scheibe

Der Legende nach brachte Amanumuru bei seiner Geburt die berühmte goldene Scheibe mit, die vor dem Untergang der Inkas im großen Sonnentempel von Cuzco hing. Heute sehen wir nur noch die Löcher der Schnüre, die sie an der Wand dieses Tempels hielten, der heute ein Teil des Klosters von Santo Domingo ist. Es heißt, die Scheibe sei bis zur Landung Pizarros im Sonnentempel geblieben. Dann sei sie abgenommen und im Titicacasee versteckt worden. Die Prophezeiung besagt, dass die goldene Scheibe eines Tages wieder in den Sonnentempel zurückkehren wird.

Der Ursprung der Scheibe selbst liege angeblich außerhalb von Raum und Zeit, und Amanumuru hätte sie aus dem sinkenden Lemurien, dem Lande Mu gerettet. Sie symbolisiert jedoch nicht unsere, sondern die Sonne der Mitte, die Schöpfungskraft, die die Alten als Muttersonne bezeichneten. Man glaubte, dass die Scheibe durch bestimmte Schwingungen Erdbeben auslösen und sogar die Achse der Erdrotation neigen könne. Außerdem sei sie imstande gewesen, sich an die Frequenz eines Menschen anzupassen und diesen allein durch dessen geistiges Bild an einen beliebigen Ort zu befördern.[178]

Neben diesen Kräften, die der historischen Scheibe zugeschrieben werden, haben wir es hier auch mit einem wichtigen Bild für das Potenzial des höheren Bewusstseins zu tun. Eine solche goldene Scheibe steckt in jedem von uns. Wir werden nicht nur von der äußeren Sonne angestrahlt, sondern auch von unserem inneren Licht erleuchtet.

Unsere Sonne, das Zentrum unseres Sonnensystems, ist ein durchschnittlich großer, gelber Stern am äußersten Rand der Milchstraße. Er ist etwa 150 Millionen Kilometer von der Erde entfernt und Millionen mal größer als diese. Jede Sekunde verwandeln sich auf ihm 4 Millionen Tonnen Materie in Licht, ein Phänomen, welches der Kosmologe Brian Swimme als die kosmologische Form des Opfers bezeichnet.[179] Dieses Licht wird hier nicht nur durch die Photosynthese in Pflanzen umgewandelt, sondern es ermöglicht schlechthin alles Leben auf der Erde – wir bestehen tatsächlich aus Sonnenenergie.

Früher galt das Universum in allen Kulturen als lebendig, und man schrieb ihm Bewusstsein zu. Bei Sonnenfinsternissen sehen wir die Aura, die Krone der Sonne, die manchen als Flügel, Lotus oder als ein Kreuz aus vier Strahlen erscheint, an das die vier Kammern im Herzen der Sonnenpyramide von Teotihuacan erinnern sollten.[180]

Der Biologe Rupert Sheldrake meint, dass die antike Vorstellung lebender Himmelskörper nach den Einsichten der modernen Wissenschaft nicht mehr von der Hand gewiesen werden können. Er zeigt auf, dass die Geistestätigkeit und das Bewusstsein des Menschen auf komplexen, elektromagnetischen Mustern unseres Gehirns beruhen, dass aber auch die Sonne höchst komplexe, elektromagnetische Muster aufweise, die sehr wohl ein Zeichen für Leben und Intelligenz sein können.[181] Verfügt aber unsere Sonne über eine bestimmte Form des Bewusstseins, so wäre das auch bei anderen Sternen unserer Galaxie und anderen Galaxien unseres Universums der Fall.[182]

Viele Menschen sind davon überzeugt, dass alles Licht und das daraus entstehende Leben auf dieser Erde von unserer Sonne kommt. Während kein Zweifel daran bestehen kann, dass diese uns tatsächlich unser Licht spendet, so kann die Theorie, dass das schöpferische Licht, welches unser Bewusstsein nährt, von einer Sonne der Mitte kommt, nicht so ohne weiteres von der Hand gewiesen werden. Dies wäre das Licht, welches unsere Träume erhellt und die Gottessaat nährt.

Mark Griffin, der Direktor des Hard Light Meditation Centers in Los Angeles, erinnert seine Schüler immer wieder daran, dass die wahre Quelle des Bewusstseins in unserem Ich zu finden sei. Das große Ich der Erleuchtung Abertausender Sonnen ist die Sonne der Mitte. Unser Bewusstsein spiegelt lediglich einen winzigen Teil dieser großen, allgegenwärtigen Sonne wider.

Auch in unserer Galaxie gibt es eine solche Sonne der Mitte, den galaktischen Mittelpunkt, um den sich alle Sterne der Galaxie drehen. Er ist etwa 23 Lichtjahre von der Erde entfernt und hinter kosmischem Staub verborgen. Die Geister scheiden sich bei der Frage nach der genauen Beschaffenheit dieses Zentrums, obwohl geschätzt wird, dass es 20 Millionen mal heller als unsere Sonne ist. Allen Galaxien scheint ein solcher Mittelpunkt gemein zu sein, den die einen für schwarze Löcher, die anderen für zentrale Muttersonnen halten, die ständig Energie und Materie hervorbringen.[183] Es ist erstaunlich, dass die Mayas dazu in der Lage gewesen waren, diesen Mittelpunkt mit solcher Genauigkeit zu bestimmen. Sie wussten, dass es sich hier um den Ort der Schöpfung und der spirituellen Wiedergeburt handelte.

Trotz all unserer Wissenschaft wissen wir noch sehr wenig vom Universum, in dem wir leben. Und das Geheimnis wird immer größer, je mehr wir entdecken. Sollten wir auch vielleicht nie den ganzen Sinn der Metapher der Sonne der Mitte, der Quelle allen Bewusstseins erfassen, so ist dennoch eines gewiss: Wir müssen zu verstehen versuchen, wer wir sind. Es scheint unwahrscheinlich, dass wir das innere Licht oder die Sonne der Mitte finden werden, wenn wir weit draußen nach ihr suchen. Ebensowenig werden Expeditionen zum Titicacasee die goldene Scheibe ausfindig machen.

Wir müssen das Bild, welches wir von uns selbst haben, radikal revidieren. Wir stammen von einem Vermächtnis des Lichts ab. Das Leben unter unserer kleinen, gelben Sonne ist kein bloßer Zufall, der sich vor Urzeiten am Ufer der Ursuppe zugetragen hat. Wir sind das Ergebnis eines bewussten Schöpfungsaktes. Irgendeine Kraft hat dem Licht Form verliehen. Nur langsam wagen wir wieder, an unsere göttliche Essenz zu glauben.

Die Elohim, die Lichtwesen, nach deren Abbild wir geschaffen wurden, waren unsere göttlichen Ahnen, die die Saat des spirituellen Menschen tief in unsere Körper pflanzten. Licht und Kraft dieser großen, schöpferischen Engel sind in unserer DNA verborgen.

Die göttliche Schöpfung als das fehlende Glied der Evolution

Die mysteriöse menschliche Evolution scheint in sprunghaften Schritten vor sich gegangen zu sein, die keinerlei Regelmäßigkeit aufweisen. Wir wissen, dass wichtige solcher ungeklärten Sprünge vor 30.000 bis 50.000 Jahren stattfanden, was sich mit den Zeitangaben der mythologischen lemurischen und atlantischen Zivilisationen deckt. Zu jener Zeit stoßen wir auf die ersten Anzeichen menschlichen Bewusstseins, wie etwa die faszinierenden Malereien der Cro-Magnon-Menschen in französischen Höhlen bezeugen.

Das Leben auf diesem Planeten entstand vor mehreren Milliarden Jahren. Vor 25 Millionen Jahren tauchten die ersten Affen, vor etwa 2 Millionen Jahren die ersten affenartigen Australopithecus auf. Gute 900.000 Jahre später erschien der Typ des Neandertalers, der sich trotz der großen Zeitspanne noch relativ wenig von seinen Vorgängern unterschied.[184] Obwohl er über eine bedeutend größere Gehirnkapazität verfügte und einfache Werkzeuge anfertigte, glaubt man nicht, dass er sich der Sprache bediente und über ein entwickeltes Bewusstsein verfügte. Mit dem Erscheinen des Cro-Magnon-Menschen machte der Evolutionsprozess vor 35.000 bis 50.000 Jahren dann einen nie dagewesenen Sprung zum Homo sapiens sapiens. Die Cro-Magnon sahen uns nicht nur ähnlich, sie handelten auch wie wir, bauten Häuser, bestatteten ihre Toten und pflegten Kunst und Religion. In *The Twelfth Planet* liefert Zecharia Sitchin stichhaltige Beweise, dass dieses Phänomen alle Evolutionslogik übersteigt, da der Prozess eigentlich Jahrmillionen gedauert haben müsste. Er meint, dass der Homo sapiens sapiens nicht derselben Evolutionslinie wie die Neandertaler angehörte.[185] Die Archäologen suchen noch immer vergeblich nach dem fehlenden Bindeglied.

Sheldrake weist darauf hin, dass Mythen aus aller Welt von kreativen Werkzeugen und Kräften sprechen, die Gottmenschen, göttliche Helden und Geistwesen der Menschheit gegeben hätten.[186] Dazu gehören Feuer, Tanz, Gesang und Sprache. Für Sheldrake sind diese weltweiten Geschichten von Gottesgaben ein Zeichen für die besagten Evolutionssprünge, die auch durch den Kontakt mit höheren Formen von Intelligenz ausgelöst worden sein könnten.[187] Neben Sheldrakes gut dokumentierten Quellen finden sich in der mythologischen Fachliteratur Hinweise auf ostindische, sumerische und malinesische Mythen, die ebenfalls auf ein äußeres Eingreifen hindeuten.[188] Sogar die Bibel liefert den kryptischen Hinweis, dass die „Gottessöhne mit den Töchtern der Menschen verkehrten" (Genesis, 6,4). Die bedeutenden Lücken der Evolutionstheorie, kombiniert mit der reichhaltigen, mythologischen Überlieferung scheinen den Eingriff von außen zur einzig plausiblen Erklärung werden zu lassen.

Sogar die geachtete christliche Mystikerin Hildegard von Bingen (1098-1179) glaubte offenbar, dass die menschliche Gattung aus dem Licht geschaffen wurde. Die Äbtissin, Prophetin, Autorin und Kirchenreformatorin nannte die Menschen die „zehnte Engelshierarchie" oder den „zehnten Engelschor"[189] und meinte, dass Gott der Menschheit die Vereinigung mit den höheren Engelsreichen ermöglicht habe[190], ein Umstand, der den Menschen Intelligenz und Ausstrahlung verlieh.

Diese „Vereinigung" ist jedoch wahrscheinlich eher im Sinne einer Kommunion zu verstehen denn als eine Vermischung von Gattungen, an die bestimmte Autoren glauben. So erzählt der Engelforscher Malcolm Godwin von der mythischen Überlieferung der Schwäche der

Engel für körperliche Sinnenfreuden,[191] während der umstrittene Autor Erich von Däniken die Ursache für den plötzlichen Wandel der Menschheit der Vermischung mit Außerirdischen oder deren Eingreifen in unsere Gensubstanz zuschreibt. Er ist davon überzeugt, dass die Genforschung eines Tages feststellen könne, ob unsere Gene tatsächlich nur auf unsere affenartigen „Vorfahren" zurückgehen.[192] Doch trifft diese recht physische Theorie wohl kaum den Punkt. In der Regel gehören Engel eher in die feinstoffliche, ätherische und nicht in die körperliche Welt.

Der Historiker William Irwin Thompson versteht Mythen als Legenden von Erfahrungsberichten in anderen Dimensionen, die in die Bilder unserer Welt gekleidet wurden.[193] Diese Erlebnisse außerhalb unseres Raum-Zeit-Gefüges können die Tiefenstruktur des menschlichen Bewusstseins maßgeblich beeinflusst haben.

So ist der Gedanke, dass der revolutionäre Wandel der Menschheit durch Kontakte mit einer höheren Form der Intelligenz bedingt war, gar nicht so abwegig. Dieser Kontakt kann rein energetisch und interdimensional gewesen sein. Vielleicht überlagerten sich subtilste Energiefelder mit unseren und revolutionierten so den menschlichen Urtyp. Es ist möglich, dass die Saat des neuen, spirituellen Menschen damals tief in unser Wesen gepflanzt wurde, wie verschiedene esoterische Lehren überliefern.

Die Elohim, die großen und mächtigen Schöpfungsengel, die in der Bibel als „Söhne Gottes" bezeichnet werden, sind vielleicht tatsächlich unsere spirituellen Ahnen. Mag uns auch nur ein schwacher Schimmer ihres höheren Lichts geblieben sein, so sind die Elohim vielleicht das fehlende Glied der Evolutionskette. In diesem Fall sind wir Kinder des Engelslichtes, dessen Information noch heute in uns steckt.

Zugang zum Engelslicht

Für Don Miguel Ruiz ist das Engelslicht die dritte Bewusstseinsstufe. Um es zu erfahren, bedarf es einer völlig anderen Wahrnehmungsform. Aus dem Gespräch, welches Rupert Sheldrake in *Physics of Angels* mit Matthew Fox führt, wird erkenntlich, dass es sich bei der Vorstellung des Engelslichts keineswegs um irgendein New Age-Produkt handelt. In ihrem Buch nehmen beide die Schriften großer christlicher Mystiker wie Thomas von Aquin oder Hildegard von Bingen hinsichtlich der Engel im Lichte der modernen Physik und Kosmologie unter die Lupe. Demnach könnte das Engelslicht sogar durch die Quantenphysik erklärt werden. So werfen die beiden Autoren die Frage auf, warum wir uns Engel immer als unsichtbare Helfer und noch nie als Quantenwesen vorgestellt haben.

Denn Engel scheinen wirklich bestimmte Quantenaspekte aufweisen zu können. Photonen sind unstoffliche Lichteinheiten. Auch Engel werden gewöhnlich als unstoffliche Lichtwesen dargestellt. Sheldrake erwähnt, dass Engel sich wie Photonen allein durch ihre Aktionen bemerkbar machen.[194]

Er meint, alle natürlichen Systeme würden durch so genannte unsichtbare, morphische Felder bestimmt werden. Demnach hätte jeder Planet, jedes Sonnensystem, jede Galaxie ihr eigenes morphisches Feld.[195] Nach dieser Theorie ist das morphische Feld der Erde den morphischen Feldern unseres Sonnensystems und der Milchstraße hierarchisch einverleibt. Ebenso hierarchisch geordnet enthalten die morphischen Felder Schwerkraftfelder, Magnetfelder und Quantenmateriefelder.

Für viele antike Kulturen war die ganze Natur beseelt, auch ihre unsichtbaren Organisationsprinzipien wie die Schwerkraft, die als *anima mundi*, als Seele der Welt bezeichnet wurde. Was früher magnetische Seele hieß, wird heute zum Magnetfeld, die Seele der Tiere wurde zum Instinkt und das Reich des Geistes zum mentalen Bereich.[196] Demnach sind Engel für Sheldrake ein Aspekt des von ihm als Engelsfeld bezeichneten Gebietes. So wie ein Photon von elektromagnetischen Feldern beförderte Energie in Form von Licht ist, so seien Engel eine besondere Form des Lichts, welche sich über Engelsfelder bewege. Demnach hätten Engel wie Quantenteilchen zwei Erscheinungsformen. Werden sie aktiv, verhalten sie sich wie Teilchen, während sie sich wellenförmig in ihrem Feld verteilen. Für Matthew Fox ist das Engelslicht eine Kombination aus Photonen, Lichtteilchen und einem entsprechenden Feld.[197]

Bis ins 17. Jahrhundert waren Engel ein Bestandteil des lebendigen Universums. Erst danach verbannte das von Newton und Descartes geprägte Weltbild sie aus dem westlichen Denken. Da sie für die meisten Menschen nicht mit den fünf Sinnen wahrnehmbar waren, sprach man ihnen kurzerhand das Existenzrecht ab. Überwinden wir nun langsam die mechanistische Weltsicht, beginnen wir auch, das menschliche Quantenpotenzial zu erahnen.

Engel galten traditionell als Boten. Auch Felder haben Botenfunktionen. Quanten-, Schwerkraft- und elektromagnetische Felder sind alle untereinander vernetzt.[198] Sie bestehen zwar nicht aus Materie, können jene aber in Form von Energie binden. Obwohl es in atomaren Feldern die Schwingungsmuster der Elektronen, Protonen und Neutronen gibt, sind sie zu 99 % leer.[199]

Die gesamte Natur besteht aus Feldern. Das Feld des Engelslichts steht in Verbindung mit Bewusstsein und Intelligenz. Es stellt die Verbindung zwischen dem göttlichen Licht und der stofflichen Welt her. In dieser Hinsicht ist auch Juan Nuñez del Prados Ansicht, das Licht des Siebengestirns führe als *Taqe* verschiedene Energiefelder zusammen, von Interesse. Vielleicht ist das Engelslicht eine Art *Taqe* des spirituellen Menschen.

Das göttliche Licht, aus dem das Bewusstsein erwächst, kommt nicht von unserer Sonne. Es ist das unsichtbare Licht unserer Innenwelt. In den meisten Schöpfungsmythen zeugt Gott zuerst das Licht. Insofern unterscheiden sie sich gar nicht so maßgeblich von der Theorie des Big Bang, nach der das Universum in einer riesigen Explosion aus Licht und Materie entstand. Wir wissen, dass wir nur einen Teil des Lichtspektrums mit unseren Augen sehen können. Auch Radiofrequenzen oder Mikrowellen sind für uns unsichtbar. Vielleicht sind Engel tatsächlich wie Photonen und strahlen Licht in verschiedenen Frequenzen aus, die wir nur in seltenen Fällen wahrnehmen können.

In einem frühen Entwicklungsstadium des Universums trennten sich Licht und Materie. Dies geschah, weil das expandierende Universum abkühlte. Davor waren Licht und Dunkelheit nicht differenziert.[200] Vielleicht war das erste Licht unsichtbare Erleuchtung, Bewusstsein oder Engelslicht.

Betrachten wir die Engel vor dem Hintergrund der modernen Wissenschaft, verstehen wir das Ziel ihrer Existenz vielleicht besser. Hildegard von Bingen beschrieb sie als lebendiges Licht[201], als unsichtbare Erleuchtung, die jedem Leben innewohnt, und als fliegende Sphären.[202] Sie schreibt, ihre Aufgabe sei es, als lebender Spiegel des göttlichen Lichts zu dienen.

Auch wir spiegeln das Göttliche wider, wenn wir uns in Einklang mit ihm befinden. Dieses Prinzip erinnert stark an das der Gegenseitigkeit, welches dem Andenkonzept des *Ayni* zugrunde liegt. Weder Gottesspiegel noch einfühlender Einklang sind den Engeln vorbehalten. Für die antiken Kulturen Lateinamerikas stellten sie einen Aspekt menschlicher Ausdrucksformen dar.

Die klassische Engelsforschung geht von neun Engelshierarchien aus. In diesen Sphären, die wir durchaus auch als Engelsfelder bezeichnen können, ordnen sich alle Formen des Bewusstseins, vom Mikrokosmos der menschlichen Existenz zum Makrokosmos galaktischer Interaktion. Wir können uns diese Engelshierarchien als konzentrische, interaktive Kreise vorstellen. Das Licht dieser Felder ordnet nicht nur das Bewusstsein, sondern kommuniziert. Da Engel wie Photonen unstofflich sind, sind sie auch an keine materiellen Gesetzmäßigkeiten gebunden und können schneller als das Licht kommunizieren. Wie Hildegard von Bingen vor rund tausend Jahren ganz richtig erkannt hatte, ist der spirituelle Mensch die zehnte Hierarchie der Engel.

Die Gaben des Engelslichts

Unser eigenes Engelslicht ausfindig zu machen kann ein anstrengendes Unterfangen sein, da wir dazu den Halt unserer einschränkenden Überzeugungen loslassen und das Bild von uns selbst völlig neu überdenken müssen. Doch fehlt es dabei nicht an Kraft. Die große Bruderschaft des Lichts steht bereit, um der keimenden Gottessaat Hilfe zu leisten.

In der religiösen Weltliteratur wird oft vom Aufstieg vollkommener Menschen ins Engelsreich erzählt.[203] Nehmen wir z.B. die Geschichte

Jakobs. Sein Kampf mit dem Engel wird als Bild für sein Streben nach Vollendung verstanden, indem Jakob sich mit seinem inneren Engel auseinander setzt.[204] Nur so gelingt es ihm, auf das in seinem tiefsten Herzen verborgene Licht zu stoßen und seine wahre Bestimmung zu begreifen.

Wie die Tolteken sagen, bedarf es einer Wahrnehmungsverlagerung, um das Engelslicht zu erreichen, was einer mystischen Erfahrung gleichkommt. Haben wir dann das Licht geschaut, so müssen wir wieder in unsere Welt zurück, die uns ziemlich verändert erscheinen wird, weil wir nicht mehr dieselben sind. Daher verleiht uns das Engelslicht neben anderen Gaben auch die holistische Sicht.

Es ist uns vorherbestimmt, dass wir alle einmal dieses Engelslicht erreichen. Mit dem Aufgehen der sechsten Sonne entfaltet sich der neue, spirituelle Mensch aus der höheren Ordnung. Das Licht der goldenen Scheibe steckt in jedem von uns. Auch wir sind dazu in der Lage, volles Bewusstsein zu erlangen.

Erkennen wir uns endgültig als Kinder des Lichts, profitieren wir auch von ihrem Vermächtnis. Die Gabe der holistischen Weltsicht bringt mit sich, dass wir uns als Gottessaat inmitten eines interaktiven, galaktischen Ganzen verstehen lernen. Das ganzheitliche Denken überwindet unser ursprüngliches, egozentrisches und destruktives Verhalten und lässt uns die Welt aus einer völlig neuen Perspektive erscheinen. Wir lernen die Mehrdimensionalität unserer Existenz verstehen, die uns ermöglicht, uns vielfacher Aspekte unseres Bewusstseins zu bedienen.

In dieser Dimension von Raum und Zeit haben wir menschliche Körper. Doch sind wir mehr als nur dies. Wir sind ein Teil des Engelslichts, welches das menschliche Bewusstsein ausmacht. Durch die Kraft unseres Willens können wir die Engelshierarchien durchdringen, um zum subtilen Licht unserer himmlischen Ahnen zu gelangen, indem unser Bewusstsein sich über die Brücke aus Licht mit dem größeren Ganzen vereint. Wir verhalten uns stofflich wie die subatomaren Teilchen, die unseren Körper ausmachen, aber auch wellengleich, wenn unser Bewusstsein im All tanzt. In einiger Zeit wird es möglich sein, solche Phasenwechsel immer fließender zu erleben. Betrachten wir uns objektiv und frei von Vorurteilen und Erwartungen, werden wir sehen, wie wir von einer Dimension in die andere gleiten und zugleich wie Quantenwesen in mehreren Formen existieren.

Unsere Mehrdimensionalität erlaubt uns, bewusst in den verschiedenen Reichen der Existenz zu wandeln. Auf dieser Ebene bekommen wir die Gabe der Erkenntnis, dass alle Trennung nichts als Illusion ist. Wir beginnen zu begreifen, dass wir ein Teil eines ständig in Ausdehnung begriffenen Ganzen sind und dass das ganze Universum ein unmessbares Hologramm ist, welches manche Gott nennen.

Ein weiteres Geschenk der Engel ist die bedingungslose Liebe. Unsere neue, holistische Weltsicht lässt uns erkennen, dass wir in einem ungeteilten Ganzen leben, welches von dynamischer Energie und Absicht durchdrungen wird. Diese Absicht des Engelslichts hat eine einzige Botschaft: bedingungslose Liebe. Die einende Kraft, die vom Formlosen in die Form pulsiert, die Kraft, die auf den Lichtwellen der Sonne der Mitte reitet, ist die Kraft dieser bedingungslosen Liebe. Sie erweckt die im Menschen verborgenen Lichtkodes, die die Gottessaat keimen lassen.

Bedingungslose Liebe ist eine unpersönliche Kraft, die kein egoistisches Verständnis unseres Ichs mehr zulässt. Persönliche Liebe kann eine schöne und packende Erfahrung sein, die uns u.a. auch unsere Abhängigkeit vor Augen führt. Doch ist sie nur Traum und Illusion.

Bedingungslose Liebe ist die Absicht, die aus dem Herzen des Schöpfers in die Herzen der Meister fließt. Sie ist diese einende Kraft, die ewig von einer kleinen gelben Sonne am Rande der Milchstraße auf diesen Planeten herabströmt.

Haben wir die wahre Natur der bedingungslosen Liebe erkannt, werden wir auch verstehen, dass es einen galaktischen Plan gibt. Hinter dem komplexen, neuen Bewusstsein steckt eine höhere Ordnung. Von ihr erhalten wir die nächste Gabe: Demut. Sie ist nicht leicht zu akzeptieren, da wir ja zunächst lernten, uns in diesem planetaren Traum zurechtzufinden, weil wir über ein Ego verfügten. Je „besser" wir funktionieren, desto mehr sind wir auch von uns selbst überzeugt. Im Engelslicht ist jedoch kein Platz für dieses Selbstwertgefühl. Es stellt vielmehr eines der größten Hindernisse dar. Ein wichtiger Schritt ist daher, all unseren falschen Stolz abzulegen.

Durch die Demut lernen wir schließlich, dass alles Leben heilig ist, da es aus der göttlichen Vereinigung von Form und Formlosigkeit entstanden ist. Unsere Vorfahren hatten diesen Bezug zur heiligen Natur noch nicht verloren, der jeden Grashalm, jede Blume, jeden Klumpen Erde einschloss. Dies ist zugleich eine der wichtigsten Botschaften der Andenmeister, die allem eine Seele zuschreiben, da alles von Licht durchdrungen ist.

Lassen wir uns ablenken, dann gleiten wir wieder in unsere herkömmliche Weltsicht zurück, vergessen unsere mehrdimensionale Quantennatur und verlieren die heilige Weltsicht vorübergehend aus den Augen. Wandelt sich unsere Wahrnehmung, erwachen wir erneut und bemerken, dass wir das Leben aus einer verzerrten Perspektive betrachteten. Ein solches Wiedererwachen ist demütigend und erfüllt uns schließlich mit tiefer Dankbarkeit.

Das Geschenk der Dankbarkeit führt uns schließlich zur *Ayni.* Wir können wie unsere Vorfahren in vollkommener *Ayni* in den verschiedenen Welten wandeln. Don Morales sagt, wir dürfen bei all unseren Taten, Worten, Gedanken und Wahrnehmungen nie vergessen, dass alles heilig ist. Dann werden wir auch unsere eigene Heiligkeit in der Natur wiedererkennen. Die alten Völker Lateinamerikas wussten alles über die Prinzipien des göttlichen Spiegels und des einfühlenden Einklangs, da sie die Grundlagen ihrer Kultur darstellten. Deshalb ist die seltene Konjunktion unserer Sonne mit der Muttersonne, dem Mittelpunkt unserer Galaxie vielleicht wirklich eine außergewöhnliche Möglichkeit für die menschliche Transformation. Alles dreht sich um *Ayni.*

Üben wir *Ayni,* umgibt uns das Engelslicht. Das Licht unserer goldenen Scheiben strahlt und wir tanzen wie Quantenwesen mit und ohne Form durch die alten Pforten der Göttlichkeit.

Die Prophezeiungen der Inkas und Mayas sagen ein kollektives Erwachen der Menschheit, eine Revolution der menschlichen Wahrnehmung und den Ausstieg aus der uns bekannten Zeit voraus. Sie deuten ein Goldenes Zeitalter der Erleuchtung an, das einen wahren Quantensprung darstellen kann, d.h. einen Sprung ins Quantenbewusstsein zu einer neuen Form der Wahrnehmung und Existenz. Wir sind kaum ins Engelslicht eingetreten und müssen noch den ganzen Reichtum des Quantenpotenzials erfassen lernen.

Kinder des Lichts sind Quantenwesen, die in vollkommener *Ayni* leben. Wir sind Gottessaat in einfühlendem Einklang mit einem größeren Ganzen. Wir sind Felder in Feldern von Engelslicht, welches die Brücke zwischen dem menschlichen Bewusstsein zur höheren Ordnung schlägt. Wir sind *Chakarunas*, die lange erwarteten Brückenmenschen, und sind gekommen, dem menschlichen Bewusstsein das ganze Potenzial göttlichen Lichts zu öffnen.

Glossar des Quechua und anderer Andensprachen

Die Schreibweise der Wörter wurde in vielen Fällen unserer Aussprache angepasst.

Amaru: Schlangenförmige Lebensenergie.

Apu: Geist eines Berges, Sternes oder einer anderen Naturerscheinung.

Ayni: Im Gleichgewicht in allen drei Welten der Andenrealität wandeln. Basiert auf der Vorstellung der Gegenseitigkeit und ist vergleichbar mit der christlichen Vorstellung der Gnade.

Capacocha: Rituelles Opfer eines königlichen Kindes zur Sommersonnenwende, welches vom neunten, dem Pachacuti Inka eingeführt wurde.

Capac Rayni: Eines der wichtigsten Jahresfeste der Inkas, welches zur Sommersonnenwende am 22. Dezember abgehalten wurde.

Chakarunas: Brückenmenschen

Cholla: Heiliges Getränk aus fermentiertem Mais.

Collca: Kornkammer; Bezeichnung für das Siebengestirn.

Coto: Eine Handvoll Saat; andere Bezeichnung für das Siebengestirn.

Cuti: Auf den Kopf oder richtig stellen.

Gawag: Drittes Auge.

Goya: Herrschergattin, Gemahlin des Sapa Inka.

Hanaqpacha: Höhere Welt und dritte Ebene der Andenrealität. Dieses Heim der höheren Energien und übernatürlichen Geister wird durch den Kondor symbolisiert.

Hauca: Heilige Stätte.

Haunque: Doppelgänger oder Bruder.

Inka: Erleuchteter. Dieser Titel war den königlichen Familien vorbehalten.

Intihuatana: Großer Kalenderstein, dessen Schatten die Daten anzeigt.

Kausay Pacha: Energieuniversum.

Kuraq: Großer Visionär.

Kaypacha: Zweite Ebene der Andenrealität. Die mit unseren fünf Sinnen erfassbare Welt wird durch den Puma versinnbildlicht.

Llankay: Kraft der physischen Offenbarung und körperzentrierter Mensch.

Malku: Mann in der fünften Bewusstseinsebene.

Mallqi: Baum, Ahne.

Mamacona: Legendäre Sonnenjungfern, die für den Dienst der *Pachamama* ausgewählt worden waren und in den alten Künsten unterrichtet wurden.

Mastay: Menschenansammlung, Reintegrierung.

Mayu: Milchstraße, unsere Galaxie, die auch Großer Fluss genannt wird.

Mesayog: Mensch, der mit übernatürlichen Kräften arbeitet.

Mosoq Karpay: Zeremonie, in der die Saat des Wandels energetisch übermittelt wird.

Munay: Kraft der Seele, der Liebe und des Gefühls. Herzzentrierter Mensch.

Nusta: Frau in der fünften Bewusstseinsebene.

Pacaritanpu: Ort des Entstehens.

Pacha: Mutter oder Kosmos.

Pachacuti: Zeit großen spirituellen Wandels.

Pachamama: Die Erde und die gesamte Schöpfung. Weiblicher Aspekt des Göttlichen, große Kosmische Mutter und Ursprung allen Lebens.

Pachamag: Energie des kosmischen Vaters.

Pag'o: Schamane.

Pampa Mesayog: Heiler, der mit Erdenergien arbeitet.

Panya: Gewöhnliche Wirklichkeit der linearen Zeit, die wir mit unseren Sinnen wahrnehmen. Sie stellt den rechten Pfad und männlichen Aspekt der Andenmystik dar und entspricht der linken Gehirnhälfte.

Q'ero: (Laut Alberto Villoldo) Langhaariger, Mann des Wissens, Heiler. Ein Indiostamm, der noch direkt von den Inkas abstammen soll.

Q'ollorit'i: Jährliches Fest des Schneesterns, das auch „Wiederkehr des Siebengestirns" genannt wird.

Quipuscamayocs: Historiker. Die Geschichte wurde mittels Knoten auf Schnüren festgehalten. Der Historiker musste wissen, welches Ereignis jedem Knoten entsprach. Die meisten *Quipus* wurden von den spanischen Eroberern zerstört.

Quipus: Knotenschnüre für Datenaufzeichnungen.

Sapa: König der Inkas. Mensch in der sechsten Bewusstseinsebene.

Taqe: Dritte Beziehungsebene, auf der sich die Energiekörper vereinen. Vereiniger von Energiefeldern.

Taripay Pacha: Goldenes Zeitalter der Prophezeiungen.

Tinkuy: Erste Beziehungsebene, erster Kontakt von zwei Energien.

Tupay: Zweite Beziehungsebene, in der die beiden Energien einander ausloten und das Potenzial des Aufeinandertreffens abschätzen. Konfrontationsebene.

Ukhapacha: Erste Ebene der Andenrealität. Die Unterwelt ist das Reich der unsichtbaren Dinge und Geister und wird durch die Schlange dargestellt.

Uru Pachacuti: Wandel der Erde durch Wasser. Sintflut.

Waka: Heilige Statue mit der göttlichen Kraft der Ahnen. Jeder Stamm hatte seine eigene *Waka*, die die Verbindung zu den Sternen schaffen soll, von denen die Menschheit stammt.

Yachay: Kraft der Menschen mit großem Wissen und ausgeprägtem Verstand. Verstandeszentrierter Mensch.

Yanantin: Komplementäre Gegenstücke wie männlich und weiblich oder hell und dunkel.

Yoge: Außergewöhnliche Welt der heiligen oder Traumzeit. Sie stellt den linken Pfad und weiblichen, intuitiven Aspekt der Andenmystik dar und entspricht der rechten Gehirnhälfte.

Anmerkungen

1. Kapitel: Hüter der Saat

1 Loren McIntyre, *The Incredible Incas and their Timeless Land*, Washington, DC, National Geographic Society, 1975, S. 194.

2. Kapitel: Samen göttlichen Bewusstseins

2 William Sullivan, *The Secret of the Incas*, New York, Three Rivers Press, 1996, S. 23 f.

3 Fernando E. Elorrieta Salazar & Edgar Elorrieta Salazar, *The Sacred Valley of the Incas*, Cuzco, Sociedad Pacaritanpu, 1996, S. 24.

4 Ibid, S. 40.

5 Sullivan, S. 33; Adrian Gilbert & Maurice M. Cotterell, *The Mayan Prophecies*, Rockport, MA, Element, 1996, S. 139, 158.

6 David Freidel, Linda Schiele & Joy Parker, *Maya Cosmos*, New York, Quill William Morrow, 1993, S. 96.

7 Sullivan, S. 33f.

8 bid., S. 33.

9 Ibid., S. 35, 371, Fußnoten 30f.

10 J.J. Hurtak, *The Keys of Enoch*, Los Gatos, CA, The Academy of Future Science, 1977, S. 54.

11 Ibid., S. 54.

12 Peter Tompkins, *Mysteries of the Mexican Pyramids*, New York, Harper and Row, 1976, S.398-401; Zecharia Sitchin, *The 12th Planet*, New York, Avon Books, 1976, S. 336-362; Paul von Ward, *Solarian Legacy*, Livermore, CA, Oughten House Publications, 1998, S. 102, 112-113; William Irwin Thompson, *The Time Falling Bodies Take to Light*, New York, St. Martins Press, 1981, 28-30.

13 Hurtak, S. 53-54, 56.

14 Ibid., S. 27f., 54-56; Sitchin, S. 336-339.

15 Hurtak, S. 27f., 53f.; Manly B. Hall, *An Encyclopedic Outline of Masonic, Hermetic, Quabbalistic and Rosicrucian Symbolism*, Los Angeles, The Philosophical Research Society, 1988, S. LXXIII-LXXVI, S. CXXVI-CXXVII; Thompson, S. 25-34.

16 Hurtak, S. 54.

17 Malcom Godwin, *Angels - An Endangered Species*, New York, Simon and Schuster, 1990, S. 177, 215-217.

18 Ibid., S. 214.

19 Ibid., S. 25.

20 Ibid., S. 36.

21 Ibid., S. 215.
22 Genesis 1,26-27.
23 Hurtak, 27f., 33-56.
24 Ibid., S. 44.
25 Edgar Evans Cayce, Gail Cayce Schwartzer & Douglas C. Richards, *The Mysteries of Atlantis Revisited*, New York, St. Martins Press, 1997, S. 1-18; Tompkins, S. 382.
26 Tompkins, S. 375f.
27 W. Scott-Elliot, *Legends of Atlantis and Lost Lemuria*, Wheaton, IL, Quest Books, 1990, Vorwort, S. xviii.
28 Ibid.
29 Timothy B. Roberts, *Gods of the Maya, Aztek and Inca*, New York, Michael Friedman Publishing Group, 1996, S. 12f.
30 Tompkins, S. 399.
31 Gilbert & Cotterell, S. 124-127; Tompkins, S. 82f., 398-400; Freidel et al., S. 59, 140, 196; Hall, S. CXCIII-CXCVI.
32 Tompkins, S. 399.
33 Encyclopedia Britannica, CD, 1999, „Chakra".
34 Thompson, S. 339f.
35 Sitchin, S. 371.
36 Tompkins, S. 348f.
37 Ibid., S. 166.
38 Ibid., S. 166.
39 Ibid., S. 362.
40 Hurtak, S. 42-46, 306, 310-312, 488; C.W. Leadbeater, *Ancient Mystic Rites,* Wheaton, IL, Quest Books, 1986, S. 16.
41 Hurtak, S. 553.
42 Corinne Heline, *New Age Bible Interpretations: Old Testament Vol. 1,* Santa Monica, CA, New Age Bible and Philosophy Center, 1938, S. 181.
43 Ibid., S. 166.

44 Ibid., S. 166.
45 Leadbeater, S. 18
46 Ibid., S. 18f., im Zitat aus *Man; Whence, How and Whither,* 284-287.
47 Tompkins, S. 384f., 388f.
48 Nigel Davies, *The Toltecs Until the Fall of Tula,* Norman, OK, University of Oklahoma Press, 1977, S. 45.
49 Tompkins, S. 229.
50 Ibid., S. 247.
51 Michael Rowan-Robinson, *Our Universe - An Armchair Guide,* New York, W.H. Freeman and Company, 1990, S. 104.
52 Tompkins, S. 266-269.
53 Ibid., S. 263.
54 Ibid.
55 Ibid.
56 A. Yusef Ali (Übers.), *The Holy Qur'an,* Brentwood, MD, Amana, 1983, S. 907f.

3. Kapitel: Saatbeete der Mayas und Inkas

57 William Sulllivan, *The secret of the Inca,* New York, Three Rivers Press, 1996, S. 26.
58 Ibid., S. 27.
59 José Argüelles, *The Mayan Factor*, Santa Fe, Bear and C., 1987, 113-118.
60 David Freidel, Linda Schele, Joy Parker, *Maya Cosmos,* New York, Quill William Morrow, 1993, S. 79.
61 Ibid., S. 72 und 87, 85 und 87, 89-94, 76-78.
62 Ibid., S. 196.
63 Ibid., S. 92.
64 Ibid., S. 96.
65 Ibid., S. 135.
66 Ibid., S. 143.
67 Ibid., S. 139, 280.
68 Ibid., S. 431.

69 Ibid., S. 103.
70 Argüelles, S. 77.
71 Ibid., S. 78; Peter Tompkins, *The Mysteries of the Mexican Pyramids,* New York, Harper Row, 1976, S. 87 f.
72 Argüelles, S. 78.
73 Ibid., S. 52, 79.
74 Ibid., S. 79.
75 Sullivan, S. 7.
76 John Major Jenkins, *Maya Cosmogenesis 2012,* Santa Fe, Bear and Co., 1998, xxxvii.
77 Ibid., S. xxxviii
78 Ibid., S. 106
79 Ibid., S. 111.
80 Ibid., S. 113-114.
81 Ibid., S.91-102.
82 Hurtak, S. 78.
83 Arguelles, S. 174.
84 Alice Howell, *Jungian Synchronicity in Astrological Signs and Ages,* Wheaton, IL, Quest Books, 1990, S. 20.
85 Michael Talbot, *Holographic Universe,* New York, Harper Perennial, 1991, S. 290.
86 Salazar, S. 101.
87 Sullivan, S. 204-207.
88 Ibid., S. 214.
89 Ibid., S. 208.
90 Ibid.
91 Ibid., S. 207-211.
92 Ibid., S. 303.
93 Mc Intyre, S. 31.
94 Sullivan, S. 29.
95 Ibid., S. 262.
96 Roberts, S. 75.
97 Sullivan, S. 312.
98 Ibid., S. 313.
99 Ibid., S. 324.
100 Ibid., S. 257; Frank Waters, *The Mexican Mystique,* Athens, OH, Swallow Press, 1975, S. 123.
101 Ibid., S. 256.
102 Ibid., S. 279.
103 Ibid., S. 333.
104 Ibid., S. 341.
105 Roberts, S. 9.
106 Ibid., S. 74; Sullivan, S. 390.

4. Kapitel: Anden-Prophezeiungen für ein neues Zeitalter

107 Alberto Villoldo, *Inca Prophecies of the End of Time,* Four Winds Society, 1995-1996. Sowie persönlicher Briefwechsel mit Joan Parisi Wilcox.
108 Ibid.; Elizabeth Jenkins, *Initiation – A Woman's Spiritual Journey,* New York, G.P. Putnam and Sons, 1997, S. 234 f.
109 Ibid., S. 227f., 230.
110 Hal Zina Bennet, *From the Heart of the Andes: An Interview with Q'ero Incan Shamans,* in: *Shaman's Drum,* Nr. 36, Herbst 1994, S. 36, 40-49.
111 Joan Parisi Wilcox, *Keepers of the Ancient Knowledge,* Boston, Element, 1999, S. 180f.
112 Joan Parisi Wilcox, *Stepping Outside of Time – Q'ero Shamanism and the West,* in *Magical Blend,* Nr. 44, Nov. 1994. S. 45-48, 84-86.
113 Ibid.
114 Bennett, S. 40-49.
115 Alberto Villoldo, Eric Jendresen, *The Island of the Sun,* Rochester, N.Y., Destiny Books, 1992, S. 175.
116 „Damit du so viel Liebe bekommst, wie du verbreitest." Aus dem Lied „The End", John Lennon und Paul McCartney, *Abbey Road,* Northern Songs, 1969.
117 Villoldo, Jendresen (Anm. 4), S. 175.
118 Bennett, S. 40-49.
119 Villoldo (Anm. 1), S. 2

120 Ibid.
121 Ibid.
122 Brad Berg, *Prophecies of the Q'e-ro Shamans* in *Share International Magazine*, I./II. 1997.
123 J.L. Gferer, *Four Steps to Power and Knowledge* in *Four Winds Society*, 1995-96.
124 Jenkins, S. 229, 236.
125 Ibid., S. 229.
126 Aus persönlichen Gesprächen mit Don Miguel Ruiz.
127 Wilcox, S. 243-245.
128 Sullivan, 37, 51, 55.
129 Jenkins, S. 263-265.
130 Ibid.

5. Kapitel: Das Erwachen

131 Waters, S. 246.
132 Ibid., S. 285-304
133 Ibid., S. 2
134 C.G. Jung, *Flying Saucers: A Modern Myth of Things Seen in the Skies*, R.F.C. Hull, übers., Princeton University Press, 1991, S. 5.
135 Mary Carroll Nelson, *Beyond Fear, a Toltec Guide to Freedom and Joy – the Teachings of Miguel Angel Ruiz M.D.*, Tulsa, OK, Coucil Oak Books, 1997, S. 30 und persönliche Gespräche mit Don Miguel Ruiz.
136 Ibid., S. 31.
137 Matthew Fox & Rupert Sheldrake, *The Physics of Angels*, San Francisco, Harper San Francisco, 1996, S. 101.
138 Talbot, S. 123-125.
139 Richard Gerber, *Vibrational Medicine*, Santa Fe, Bear and Co., 1988, S. 59.
140 Fox & Sheldrake, S. 101.
141 Victor Sanchez, *The Teachings of Don Carlos*, Santa Fe, Bear and. Co., 1996, S. 23.

142 Greg Braden, *Awakening to Zero Point*, Questa, NM, Sacred Places/Ancien Wisdom, 1994, S. 178.
143 Sidney Libes, Elizabet Sahtouris, Brian Swimme, *A Walk Through the Time,* New York, John Wiley and Sons, 1998, S. 27.
144 Edgar Mitchell, *Nature's Mind – The Quantum Hologramm* in *Conference on Science and Consciousness*, 11.4.1999.
145 Gary Zukav, *The Seat of the Soul,* New York, Simon and Schuster, 1989, S. 106.

6. Kapitel: Bibliotheken der Antike

146 H.H. the Dalaï Lama, *The Good Heart*, Boston, Wisom Publications, 1996, S. 121.
147 James Swan, *Sacred Planets,* Santa Fe, Bear and Co., 1990, S. 35.
148 Tompkins, S. 326.
149 Ibid., S. 327.
150 Ibid.
151 Ibid., S. 328.
152 Ibid.
153 Ibid., S. 327.
154 Ibid., S. 328.
155 Ibid., S. 326-329.
156 Lonegren, *Spiritual Dowsing,* Glastonbury, Gothic Image Publications, 1986, S. 34f.
157 Paul Devereux, *Earth Memory*, St. Paul, MN, Llewllyn, 1992, S. 183.
158 Lonegren, S. 35.
159 Devereux, S. 129.
160 Ibid., S. 276f.
161 Ibid., S. 274-276; Swan, S. 75-115.
162 Tompkins, S. 314.
163 Ibid., S. 261-263.
164 Persönliche Gespräche mit Don Miguel Ruiz.
165 Talbot, S. 174-176.
166 Devereux, S. 302.
167 Sanchez, S. 8.

168 Ibid., S. 10.
169 Ibid., S. 131-136.
170 Sanchez, S. 163.
171 Swan, S. 86-102.
172 Ibid., S. 209.
173 Jenkins, S. 130.
174 Argüelles, S. 147f.
175 Ibid., S. 154.
176 Talbot, S. 293.

7. Kapitel. Der Schritt ins Engelslicht

177 Hall, S. CXCIV. Die Wurzel des Namens „Quetzalcoatl" setzt sich aus „quetzal" – „Paradiesvogel" – und „coatl" – „Schlange" – zusammen, dessen Wurzel „oat" jedoch nichts anderes bedeutet als „Wasser" und „Welle". (Anm.d.Ü.)
178 Brother Philip, *Secret of the Andes,* San Rafael, CA, Leaves of Grass Press, 1961, S. 13-15.
179 Brian Swimme, *The Hidden Heart of the Cosmos*, Mary Knoll, NY, Orbis Books, 1996, S. 39f.
180 Waters, S. 205.
181 Fox & Sheldrake, S. 18.
182 Ibid., S. 18-20.
183 Paul A. Laviolette, *Beyond the Big Bang,* Rochester, VT, Park Street Press, 1995, S. 239.
184 Sitchin, S. 17.

185 Ibid.
186 Fox & Sheldrake, 164.
187 Ibid.
188 Sitchin, S. 336-362; von Ward, S. 102, 112f.; Tompkins, S. 398f.; Thompson, S. 28-30; Richard Laurence, Übers., *The Book of Enoch, the Prophet,* San Diego, CA, Secret Doctrine Reference Series, Wizards Bookshelf, 1995, S. 5-7.
189 Fox & Sheldrake, S. 161.
190 Ibid., S. 162.
191 Godwin, S. 69-72.
192 Erich von Däniken, *The Return of the Gods,* Shaftesbury, Dorset, Element, 1995, S. 138.
193 Thompson, S. 39
194 Fox & Sheldrake, S. 21.
195 Ibid., S. 39.
196 Ibid., S. 39f.
197 Ibid., S. 41.
198 Ibid., S. 42.
199 Ibid., S. 50.
200 Ibid., S. 85.
201 Ibid., S. 138.
202 Ibid., S. 139.
203 Ibid. & Hall, S. 139.
204 Peter Lamborn Wilson, *Angels,* New York, Pantheon Press, 1980, S. 179.

ISBN 3-931652-83-1
168 Seiten · broschiert
DM 24,90 · D-€ 12,90

Miranda Lumina & Peter Gilgen

Vom Bündnis der Lichtwesen

Einstimmung in die Christus-Energie

Die spannenden autobiographischen Schilderungen von Miranda Lumina und authentischen Botschaften vom ›Bündnis der Lichtwesen‹, in dessen Heil- und Kraftzentrum Christus-Maitreya steht, vermitteln einen eindrücklichen und faszinierenden Zugang zur geistigen Welt und zum ›Weg der Spirituellen Liebe‹, auf dem das Prinzip der Selbstverantwortlichkeit und Selbsterlösung ebensolche Bedeutung erlangt wie die Befreiung und Heilwerdung durch die Gnade Gottes und die Hilfe von Licht- und Engelwesen.

ISBN 3-931652-90-4
256 Seiten · broschiert
DM 29,90 · D-€ 15,90

Heinz Kuhberg

Die Zeichen mehren sich
Die logische Verbindung ungewöhnlicher Phänomene

Haben wir seit 1992 ein deutsches Lourdes? In dem kleinen scheinbar unscheinbaren Hochsauerlandort Nordenau bei Winterberg häufen sich in einem ehemaligen Stollen Heilungen unterschiedlichster Krankheiten auf spektakuläre Weise. Bis hin zu Krebs. Doch ist der Autor durch weitere Reisen und Recherchen auch im Ausland auf weitere atemberaubende Zusammenhänge gestoßen. Nordenau scheint ein kleines, aber wichtiges Stück in einem weltumspannenden Puzzle zu sein.

Diane Stein

Wir sind alle Engel

**Wege zur Heilung unserer Vergangenheit,
Gegenwart und Zukunft**

Dieses Buch der amerikanischen Bestseller-Autorin basiert auf der Erkenntnis, dass Leiden und Krankheiten nur aufgelöst werden können, wenn sie bis zu ihrem Ursprung zurückverfolgt werden.

Wenn aber jede Ursache einem energetischen Impuls entspricht, der sich in dem komplexen Energiesystem eines Menschen an irgendeiner Stelle als Störung manifestiert, so kann nur umfassendes Wissen in Bezug auf die Struktur der Seele und eine ganzheitliche Heilweise Erfolg versprechen.

Wer immer noch an der Berechtigung und am Erfolg geistiger Heilweisen zweifelt, sollte sich an den theosophischen Grundsatz „Energie folgt dem Gedanken" erinnern.

ISBN 3-931652-80-7
160 Seiten · broschiert
DM 26,90 · D-€ 13,90

Phyllis Virtue-Carmel

Planet der Wandlung
Offenbarung des Rates der Neun

In diesem Buch geht es um die besondere Rolle, die der Planet Erde in unserem Universum spielt. Aus höchster Quelle erfahren wir, was wir tun können, um unser eigenes Leben und das anderer Menschen zu bereichern. In medialem Zustand trat Phyllis Virtue-Carmel in Kontakt mit dem Rat der Neun, einer Gruppe von Wesen aus dem Kosmos, die uns im Bewusstsein unendlich überlegen sind.

ISBN 3-923 781-92-X
370 Seiten · gebunden
DM 39,00 · D-€ 19,90

Brit Morf
Countdown 2012
Ein Report aus der Zukunft

Spannung pur im Jahr 2012: Die schon von den Mayas berechnete kalendarische Endzeit steht bevor, auf allen Kontinenten plagen Umweltkatastrophen die Menschen. Doch einige wissen: Die lange prophezeite Polverschiebung findet statt – als weltweite Transformation des menschlichen Bewusstseins und als Schwingungserhöhung der Planetenseele.

Doch auch Gegenkräfte sind am Werk. Die technische Entwicklung ist inzwischen so weit fortgeschritten, dass Geheimdienste den Menschen Chips implantieren, um sie für ihre Zwecke zu manipulieren.

Shannon und ihre Freunde sind Teil eines Netzes von Menschen in aller Welt, die für die Transformation des Planeten mitverantwortlich sind. Kosmische Hilfe beim Eintritt in die fünfte Dimension kommt von den Plejaden. Der Countdown für den globalen Neuanfang läuft.

ISBN 3-931652-91-2
336 Seiten · broschiert
DM 33,00 · D-€ 16,90

Prof. Arthur David Horn
Götter gaben uns die Gene
Die Außerirdischen
Ursprünge der Menschheit

Endlich ist der gordische Knoten zu dem Geheimnis der Entstehung des Menschen und seiner Kultur gelöst. Dies für jeden verständlich geschriebene Buch dürfte das geschlossenste wissenschaftliche Werk sein, denn es korrigiert Darwin an seinen wundesten Punkten und revolutioniert gleichzeitig unser Denken über die Entstehung der Menschheit und ihrer Zivilisation.

ISBN 3-931 652-25-4
·496 Seiten · gebunden
DM 39,80 · D-€ 20,90

ISBN 3-931652-94-7
ca. 352 Seiten · gebunden
DM 34,90 · D-€ 17,90

Verena S. Trautwein

Die Kraft der Lichtspirale

Die Geburt in eine liebevolle und erfüllte Wirklichkeit

Mit praktischen Übungen

Mit unserem Körperbewusstsein befinden wir uns in der Welt der Trennung, während sich unsere Seele in der Welt der Einheit befindet. Wie können wir unser wahres Wesen, unsere Seelenessenz erkennen und in unser Alltagsbewusstsein integrieren? Wie können wir uns mit unserem Höheren Selbst verbinden? Die Antwort ist gechannelt aus den geistigen Welten, von geistigen und inneren Führern. Übungen zur Licht- und Energiearbeit (Transformation durch die Kraft der Lichtspirale, Harmonisierung der Energiefelder und Schwingungserhöhung etc.) verhelfen zur energetischen Neustrukturierung der Persönlichkeit.

ISBN 3-931 652-71-8
300 Seiten · gebunden
DM 34,90 · D-€ 17,90

Triana Jackie Hill

Der unsichtbare Liebhaber

Nicht von dieser Welt

„Trianas Lebensgeschichte ist außergewöhnlich. Durch ihre Suche nach der Identität ihres mysteriösen Erzeugers und jenseitigen Geliebten und ihre Reise in frühere Leben führt sie uns eindringlich die Rätselhaftigkeit unseres Lebens vor Augen."

James Redfield, Autor der
„Prophezeiungen von Celestine"